RES ÉS IMPOSSIBLE

RES ÉS IMPOSSIBLE

Kilian Jornet

ara LLIBRES

Primera edició: novembre del 2018

L'equip editorial de Som Ara Llibres que ha treballat en aquest volum està integrat per Marta Abella, Miquel Adam, Aida Chavarria, Francesc Gil-Lluch, Joan Carles Girbés, Sònia Herrera, Eduard Hurtado, Alba Morcillo, Maika Pascual, Enric Rújula, Joan Sanabria i Roser Sebastià.

Disseny de coberta: Rookman.com
Correcció: Mercè Riu i Ariadna Saballs
Fotocomposició: Octavi Gil Pujol
Fotografies de l'interior: © Kilian Jornet i © Sébastien Montaz-Rosset

ISBN: 978-84-16915-74-3
Dipòsit Legal: B 18433-2018

som* ara llibres
Ara Llibres és un segell de Som, un grup cooperatiu que vol dotar la societat d'una indústria cultural i de comunicació innovadora i sòlida. Perquè la cultura ens fa ser qui som: col·lectiu, societat, país.
Més informació: www.som.cat.

Aquest llibre s'ha imprès a Liberdúplex amb paper ecològic i lliure de clor, òfset os de 80 grams, i ha estat compaginat amb cos 12 de la tipografia Minion.

som* la cultura de tots

Taula

L'adéu

Els meus llavis van pronunciar «T'estimo», però en realitat el que volien confessar era «Ho sento».

Intentant justificar-me, vaig continuar expulsant les paraules: «No et preocupis», «Aniré amb compte»... Però jo era conscient que no tenia cap excusa que ella pogués considerar raonable per emprendre una aventura que em podia conduir fins a la mort, en el cim més alt del planeta. Però en aquell moment només sentia la necessitat de pujar muntanyes per viure, tot i que sabia que posava en risc la meva vida. No puc evitar que aquest impuls guiï les meves decisions, amb més força que la raó o l'amor.

Amb la brutor d'un sentiment que sé que és narcisista i egocèntric, perquè segurament ho sóc, només vaig poder murmurar: «Adéu». Tot seguit, vaig agafar la motxilla del maleter del cotxe i vaig tancar la porta, amb massa força. Atordit pel soroll, vaig donar un petit cop al vidre del darrere per avisar-la que ja podia marxar.

Era el principi del mes d'agost, però l'aire era fresc. Una aroma de mar em va omplir els pulmons. Tromsø és una ciutat de pescadors situada en una petita illa rodejada per fiords i muntanyes, al nord de Noruega, dins el cercle polar àrtic. A l'estiu, durant unes quantes setmanes, el sol no s'arriba ni a pondre, sempre és de dia. Sembla com si el temps no s'aturés: els avis surten a passejar a mitja nit i es pot veure els veïns arreglant balcons o posant lloses a la teulada encara que sigui de matinada. És com si una embriaguesa col·lectiva s'instal·lés en aquesta latitud durant un dia que no té fi. El sol, però, és suau i no puja mai a dalt de tot del cel, el rodeja per la perifèria i el pinta amb una capa espessa de colors pastel, de tonalitats groguenques o ataronjades que poden acabar sublimant en un vermell intens.

La ciutat connecta amb la terra ferma per dos llargs ponts sobre el mar i un túnel per sota l'aigua. L'aeroport on fa una estona m'acomiadava de la persona que estimo es troba en un dels extrems de l'illa. Mentre l'Emelie se n'anava amb el cotxe, li vaig enviar un petó silenciós amb la mà. No vaig voler mirar enrere i em vaig endinsar en l'edifici de l'aeroport intentant que se m'eixugués la humitat dels ulls abans d'arribar al taulell de facturació. Iniciava el viatge que m'hauria de portar al cim de l'Everest conscient de les dificultats i els perills. No hi va haver, però, cap moment que em plantegés abandonar aquell somni.

Poques hores abans havíem anat a córrer junts, l'Emelie i jo. Aprofitant que la llum era perenne, vam sortir al vespre, en acabar de sopar, per alleugerir les cames i la ment després d'uns dies d'estrès i tensió en què havíem organitzat una cursa per a uns quants centenars de corredors. Els dies anteriors, les trucades, els trajectes amb cotxe amunt i avall i les encaixades de mans havien sigut constants i, ara, el que pretenia ser un exercici breu de neteja s'havia convertit en una *nit* sencera corrent.

Vam emprendre el camí per un corriol estret, deixant enrere el soroll de la població. Volíem que les muntanyes ens amaguessin de la ciutat. El cant suau del vent va substituir les emissions de ràdio que es filtraven per les portes mig obertes dels locals de la vila, i un aire pur i fresc va substituir la xafogor de l'acumulació de persones i olors de fums diversos. Les cames s'anaven alliberant de la rigidesa acumulada i començàvem a sentir una lleugeresa més agradable. Vam arribar a dalt de tot d'un primer cim i, sense aturar-nos ni un instant, vam prosseguir. Vam abandonar el camí de terra per endinsar-nos en camps i pujar a altres cims, sense que ens importés la direcció que empreníem. L'herba gebrada que ens amarava els peus contrastava amb el sòl dur i sec de l'asfalt negre, i a poc a poc els cors se'ns van posar a bategar a un ritme més homogeni, emulant el tam-tam dels nostres passos.

Corríem l'un al costat de l'altre, i trobàvem una sensació de pau i serenor que contrastava amb la voràgine que havíem viscut feia poc. Però la felicitat no pot ser completa, perquè aquell era el silenci melancòlic que precedia i anunciava el nostre comiat. Tot i que de tant en tant obríem la boca per intentar trencar el silenci, molt incòmode, les cordes vocals no ens responien i el so no s'atrevia a sortir.

Més tard, quan vam agafar el cotxe per dirigir-nos a l'aeroport, no havíem sigut capaços d'expressar el que sentíem tots dos des de feia un cert temps: els temors i les tristors. I, sense verbalitzar-lo, vam establir un pacte de silenci que hauríem de mantenir fins que jo tornés de l'expedició. Era un pacte no firmat per no haver de lamentar més tard haver-nos fet una última abraçada en la discòrdia.

Per la finestreta de l'avió, la ciutat s'anava fent petita, fins que va desaparèixer. Em vaig quedar clavat al vidre, fixant la mirada en l'ombra de l'aparell, que travessava els fiords i els cims encara nevats, que es perdien i de cop tornaven a recuperar-se entre les valls i les muntanyes. Coneixia tots aquells camins i crestes, però des de l'aire descobria vies noves, i ja m'imaginava recorrent-les quan tornés. De moment, però, els abandonava també a ells, i esperava que em perdonessin que anés a buscar una altra amant.

Vaig pensar en les coses que hauria hagut de dir a l'Emelie per trencar la tensió mentre corríem junts, per alleujar el patiment que de ben segur viuria durant el temps que estiguéssim lluny l'un de l'altre. Una broma fina o un comentari enginyós hauria estat bé per desfer la pesantor del moment, però no sóc una persona de resposta ràpida. A les muntanyes m'hi trobo serè, perquè, com havia dit Reinhold Messner, no són ni justes ni injustes, tan sols són perilloses. I, en el perill, pots aplicar una certa lògica quan has de prendre les decisions que creus que són les més oportunes. A la muntanya no dubto davant els imprevistos, però en el camp més abrupte de les relacions personals la paràlisi em deixa suspès en la indecisió fins que ja he fet tard. He de reconèixer que mai he sabut trobar la manera de poder-me entendre bé amb els humans, tant se val si són bons, dolents o perillosos.

La terra es va esfumar de sobte perquè vam entrar dins un núvol, i les turbulències em van fer tornar al present. Quan marxes, sempre tens una sensació que et divideix: notar la llibertat momentània d'escapar-te i la nostàlgia de l'escalfor del que coneixes i que acabes d'abandonar.

A la bodega de l'avió hi havia una maleta que s'acostava al límit dels vint quilos de pes que permeten les línies aèries. Havia calculat amb precisió la manera d'encabir-hi tot el material que necessitava per a aquest viatge, per intentar assolir un gran cim. No hi cabia res més, ni una ploma.

La preparació havia estat, o això em semblava, gairebé perfecta. L'últim mes l'havia passat als Alps, la major part del temps per sobre dels quatre mil metres. Em sentia confortable en l'altura i havia previst les dificultats que em podia trobar.

Hi ha una part molt important que precedeix l'assalt als cims que no es pot comptabilitzar, més enllà dels quilòmetres que has recorregut i de les dificultats que has superat. És quan tens aquella sensació que estàs prou motivat i amb la serenitat necessària per pujar-hi. Aquella seguretat que t'omple quan et trobes còmode en un terreny en què, si fossis més assenyat, t'hauries de sentir força insegur. Notava que em trobava justament en aquell estat en què la línia vermella dels riscos que acceptava estava marcada per sobre del que era habitual. D'una banda, aquest fet em consolava, però, de l'altra, em feia témer-me a mi mateix, perquè no tenia la certesa de quina seria la meva decisió si se'm presentava el dilema de triar entre les ganes de pujar i l'amor personal que m'aporta serenor i que, en certa manera, em protegeix de travessar fronteres sense retorn. Però de seguida dissipo aquesta idea, perquè hi ha elements que no es poden posar en la mateixa balança. És més senzill: totes dues variables són necessàries per viure. O almenys és com ho sentia jo en aquells instants.

L'hostessa va empènyer el carro del sopar fins a la fila on estava assegut. Somreia, però em va demanar amb presses que escollís entre el pollastre amb arròs o macarrons amb verdures. El seu anglès tenia un accent marcat que delatava que no era la seva llengua nativa. Vaig escollir la pasta i vaig imitar com un clon els moviments que feien els altres passatgers. Tots plegats vam iniciar la mateixa coreografia: vam obrir el minúscul paquet de cartró, en vam treure el paper de plata que protegia els aliments, ens vam escaldar els dits quan vam comprovar que estaven massa calents i tot seguit vam estripar el plàstic transparent que embolicava els coberts per agafar la forquilla que ens permetia atrapar les quatre fulles d'enciam. De reüll, inspeccionàvem el tros de púding que hi havia a l'angle esquerre del paquet. «Deu estar farcit de xocolata?»

I vaig decidir que prou.

Sense saber gaire bé com, havia ensopegat amb un barquet de macarrons processats que remenava amb la forquilla d'un sol ús i, tot i que la inèrcia m'invitava a menjar, no tenia gana. Vaig intentar distribuir bé els elements dins el cartró per tancar-lo de nou, però no me'n vaig sortir, i més malament que bé vaig fer una pila que vaig abandonar en un racó de la tauleta esperant que tornés a passar l'hostessa i que s'ho emportés tot.

Els vols transcontinentals s'assemblen a una visita llarga a un centre comercial d'una gran ciutat. No hi fallen els nens que ploren, els joves que no paren de xerrar a mitja veu i que de tant en tant deixen anar un crit o una forta riallada. El menjar és de mala qualitat, les ofertes per comprar productes que no faràs servir mai són llampants, tant se val que siguin pel·lis, discos o jocs per passar l'estona sense fer res de profit.

Vaig intentar fugir d'aquelles trampes per a la productivitat que et paren en aquests ambients obrint el bloc de notes en què tenia previst escriure el meu diari de l'expedició i apuntar-hi dades importants, com ara les activitats de cada dia: analitzar els metres de desnivell i les altures assolides, comptabilitzar les sensacions de l'aclimatació o anotar les dades de la meteorologia. Ho intentava, però entre la densitat humana i la claustrofòbia de l'entorn no podia desfer el blanc de la pàgina.

Enfadat amb mi mateix per la meva incapacitat per fer res de bo, em vaig deixar emportar per les temptacions i vaig buscar una pel·lícula a la pantalleta que tenia al respatller del seient del davant. Per sort, poc després dels títols de crèdit inicials em vaig adormir.

En el somni, em trobava en un bosc. Tot d'arbres grossos. No eren les gegantines sequoies americanes. Pertanyien a un bosc normal, com els del Pirineu, però les dimensions eren desproporcionades. Era com si ho veiés tot des d'una alçada de nen o d'un animal petit.

Malgrat que la calma era aparent, el bosc m'intimidava i sentia com si dins les seves entranyes s'hi mogués tot a una velocitat que em marejava. Vaig començar a caminar. Volia sortir d'aquell bosc, però era com si es girés amb mi per no deixar-me escollir el camí correcte. Em vaig posar a córrer, però el bosc insistia, continuava girant i movent-se a la mateixa velocitat que jo. Les cames no em responien, com si ara fossin de plom, i a pesar que jo era un atleta d'elit se m'encallaven al terra de molsa i agulles de pi caigudes. Finalment, quan semblava que aconseguia alliberar-me del pes a les cames, el bosc es va balancejar com un vaixell enmig d'una tempesta i em va fer caure. Em tombava perquè me n'escapés.

Podia veure les ombres dels animals que passaven ràpids entre els arbres. Semblava que n'hi hagués desenes. Eren colossals i m'anaven rodejant, estrenyien el cercle on m'havien tancat. Quan els vaig tenir tan a prop que em semblava que m'aixafarien, em vaig adonar que només n'hi havia un, d'animal, una mena de mamut de potes llargues que corria fent grans salts. Fixant-m'hi bé, però, vaig comprovar que la bèstia que m'acorralava no era un mamut, sinó un conill descomunal, o una llebre.

De sobte, algú va començar a picar a un arbre com si l'estigués tallant amb una destral. Toc-toc. El tenia a sobre meu. I vaig sentir que la llebre, o el que fos, m'agafava l'espatlla. Toc-toc.

—Disculpi, que vol alguna cosa per beure? —em va demanar l'hostessa, que em va despertar d'un sobresalt.

Amb un gest de persona mig adormida, li vaig fer entendre que no volia res, i ella va continuar empenyent el carro, ple de begudes, cap a la fila del darrere. Aleshores hi vaig caure: «Era la Petita!». Es tractava d'una llebre que vaig recollir un dia de tempesta, quan era un nen, al bosc que hi havia a la part posterior del refugi on vivíem. Al somni era molt grossa, però quan la vaig recollir era tan sols una cria ferida. Aquella tarda de feia tants anys la vaig portar a casa, li vaig donar menjar i beure i la vaig entrar a l'habitació perquè dormís amb mi. Però els dies següents, quan es va haver recuperat i havia omplert l'estança de cagarades i no parava de moure's sota els llençols mentre jo dormia, els pares em van demanar que la deixés anar. Jo no volia. Era meva! L'havia trobada i l'havia salvada, li havia construït un tancat prou ampli a fora del refugi perquè pogués córrer i li donava el menjar cada tarda quan tornava de l'escola.

Tot i això, al cap de pocs mesos, un dia tornant de l'escola, la vaig anar a buscar i vaig comprovar que havia mort. Vaig plorar molt, no podia parar de preguntar-me què havia fet malament. No havia sigut conscient que, volent-la cuidar, l'havia matada. La llebre havia preferit la mort que continuar vivint empresonada. I va ser llavors que vaig entendre que hi ha animals que només poden viure encadenats a la llibertat.

Tres dies després de baixar d'aquell avió em sento ben lluny de tot el que he deixat enrere: els camps gebrats que em mullaven els peus quan corria amb l'Emelie i els silencis que tots dos volíem trencar sense saber com. Per què no ens vam dir res? Queden lluny les abraçades, queden lluny la ciutat i el trànsit i el soroll i els nervis perquè el cotxe de davant no em fes arribar tard a l'aeroport. També són molt lluny la llibreta amb les dades de la preparació i la Petita, la llebre del somni.

Ara sóc aquí, ben emmerdat.

Al davant, al darrere i a sobre meu només hi veig el blanc, que ho envolta tot. I a sota, les cames que se m'enfonsen fins a la cintura i trenquen la blancor de la neu. I el silenci, absolut, d'aquells tan forts que et fan sentir una xiulada aguda i llunyana dins les orelles.

En realitat, no n'hi ha, de silenci: la meva respiració, profunda, el vent que bufa a batzegades violentes, els flocs de neu que cauen del cel i es revolten amb el vent i apareixen pertot, des de totes les direccions, picant contra la meva jaqueta, produint un tam-tam-tam continu. Hi ha tant de soroll que es neutralitza. És per això que només sento el silenci. Als ulls, a les orelles... Només una petita variació del blanc dibuixa una diagonal enllà, i em deixa intuir el fort pendent que estic travessant. Una inclinació que es perd pocs metres davant meu al mig de la tempesta. Al darrere, la traça profunda que estic obrint desapareix quasi de seguida, recoberta per la neu. Un pas més, va. La neu m'arriba als genolls i no trigarà gaire a compactar-se per culpa del vent.

Sento amb tots els sentits que aquesta paret de dos mil metres que no fa ni dues hores semblava inofensiva acabarà convertint-se d'aquí a pocs segons en una gran placa, en una trampa que amaga allaus. Enfonso els piolets tan fondo com puc. He perdut la pista dels companys, rere meu. No els puc veure. La boira espessa els ha absorbit.

En aquest pendent de cinquanta graus, a la cara nord-est de l'Everest, faig un altre pas, esperant que tota l'acumulació de neu que ha caigut les últimes hores no es desenganxi de la paret i es precipiti, fins a rebentar dos quilòmetres més avall. Que no m'arrossegui.

I abans d'intentar cada pas, penso: «Serà aquest l'últim cim que pujaré mai? Com coi he arribat fins aquí?».

Ha sigut una història llarga. No va començar quan vaig dir adéu a l'Emelie. Tampoc quan vaig agafar aquell avió cap al Nepal, ni tan sols quan, de jove, m'imaginava explorant l'Everest. Aquesta història, tot i que jo no n'era conscient, va començar molt abans. Ara us ho explicaré.

Capítol 1

Una vida entrenant

Hi ha gent que entrena per competir. N'hi ha que competeix per entrenar. Jo sóc dels segons. Penso que l'entrenament és una forma de vida: consisteix a treballar el cos i la ment per rendir en una activitat concreta. És indispensable, del tot, per competir a un alt nivell, ens permet millorar les nostres capacitats i ens prepara per als esforços més exigents de les curses. La competició, evidentment, és un objectiu que ens serveix per trobar la motivació, però no és necessària, ni de bon tros, per entrenar.

Reconec que sóc de memòria curta. Però, tot i això, recordo com si fos ahir la primera vegada que vaig sentir que gaudia, d'una manera extrema i quasi malaltissa, del mal de les cames, dels pulmons que s'ofegaven mentre pujava un fort pendent donant-ho tot. El cel era blau i la calor sufocant, espantosa. Era a finals de la primavera, poc abans d'entrar a l'adolescència, i estava pedalant amb bicicleta per l'Arieja, a l'Occitània francesa, amb el Joan, el pare d'un company de l'escola. Estàvem pujant un dels nombrosos ports de la regió, ara no recordo quin era. Travessàvem pobles abandonats i camps sense bestiar sense deixar una carretera estreta, i el Joan em donava consells, com si es tractés d'una iniciació.

—Has de deixar de fer quilòmetres perquè sí i de pujar muntanyes sense cap sentit —em repetia una vegada i una altra—. Has de començar a pensar en el que estàs fent, com si fos una feina, com si fos un crèdit que vas acumulant i que utilitzaràs el dia que vulguis anar ràpid de veritat.

Jo feia com si me l'escoltés, però l'únic que volia en realitat era fer cada dia més quilòmetres que la jornada anterior, i cada vegada més ràpid. Quan la conversa s'allargava massa i ja no volia sentir-lo més, accelerava per provocar un atac i així tenia l'excusa per donar-ho tot i acabar exhaust. Les cames em feien mal, cada vegada anàvem més de pressa, la respiració se'm començava a tallar i sentia un plaer ben estrany, fins que vaig veure el cartell que indicava que només faltava un quilòmetre per coronar el coll. A dintre meu, vaig advertir una tristesa que em va sorprendre.

—Va, que d'aquí a no res ja ve la part divertida —va dir-me el Joan, pensant ja en la baixada.

—Sí —vaig respondre, carregat de dubtes—, però crec que m'agradaria que la pujada fos infinita, que no s'acabés mai.

Tenia dotze anys, i aquell estiu volia córrer la Marxa Cicloturista de les Tres Nacions, que sortia de Puigcerdà, anava fins a Andorra i, passant per França, tornava a la capital de la Cerdanya, després de recórrer poc més de 150 quilòmetres. Llavors vaig pensar que havia de preparar-me per disputar-la, no tan sols havia de *fer hores*, i vaig començar a apuntar en una llibreta tots els entrenaments i les sortides que anava fent. Si bé ja feia anys que caminava tirades llargues i anava en bicicleta tot sol o amb els pares, per primer cop, vaig tenir consciència que entrenava amb un objectiu concret.

Aquell estiu vaig participar en la Tres Nacions i a la tardor vaig córrer per primer cop la ruta Cavalls del Vent, de 80 quilòmetres, i també vaig entrar a formar part del Centre de Tecnificació d'Esquí de Muntanya, perquè la meva mare volia que centrés tota l'energia amb ordre i sentit. Va ser una sort que m'hi matriculés, perquè allà vaig conèixer algunes de les persones que han influït més en la meva vida, com ara el Jordi Canals, que era el director del centre, i la Maite Hernández, que va ser la meva primera entrenadora. Tots dos són uns competidors experimentats d'esquí de muntanya i uns alpinistes aferrissats.

L'estiu del 2004, uns quants mesos després de guanyar el primer campionat del món, als seus joves deixebles, la Maite ens va fer un regal: una pedreta. Aquella primavera havia pujat a l'Everest pel costat nord en una expedició femenina, i ens havia baixat aquest diminut record. Vaig guardar aquella petita pedra amb delicadesa, com si fos un tresor. I ho era.

El Jordi hi havia estat dues vegades, a l'Everest, en les primeres expedicions catalanes, els anys 1983 i 1985, quan Òscar Cadiach, Toni Sors i Carles Vallès van assolir el cim. Va ser a partir de les explicacions de les seves experiències que ens van ensenyar a treure el màxim rendiment de nosaltres mateixos a les competicions, però també a moure'ns per la muntanya amb seguretat i recursos. Em fa la impressió, la veritat, que dubtaven que acabéssim sent professionals que lluitéssim per títols mundials, i que era per això que posaven el focus a fer-nos gaudir de la muntanya i de l'esforç.

En un dels entrenaments, quan pujàvem per segona o tercera vegada aquell dia la Tossa d'Alp, el grupet que anàvem al davant al ritme d'*anar amb el ganxo*, vam atrapar el Jordi, que ascendia tranquil·lament, uns metres abans d'arribar al capdamunt de les pistes, i ens vam parar per treure les pells i baixar per fer una altra pujada. Ell se'ns va plantar al davant i, amb una mà a la barbeta per simular que feia un posat reflexiu, ens va deixar anar amb un to sarcàstic per no semblar gaire transcendent:

—Ei, que el cim és allà dalt!

Ens el vam mirar per provar d'endevinar si parlava seriosament. Havíem anat fins allà per entrenar, per fer els metres de desnivell de manera eficient i sense *perdre* temps. Tot i que només hauríem de trigar vint segons per arribar fins a aquell punt més alt, el fet de treure'ns els esquís, caminar una mica i tornar-nos-els a posar ens faria perdre un parell de minuts a cada pujada i trencar el ritme que portàvem.

La reflexió del Jordi va ser concloent:

—Bé, fem esquí i alpinisme o no? I l'alpinisme és pujar fins al cim, oi?

A l'esport de competició, no n'hi ha, d'igualtat. Ja ens ho podem treure del cap. Si hagués volgut ser jugador de bàsquet, per exemple, encara que hi hagués abocat tota la passió, que m'hagués esforçat amb tot el cos i tota l'ànima, que m'hi hagués deixat la pell, no hauria arribat mai gaire lluny, la veritat. A les proves per accedir al Centre de Tecnificació ja vaig demostrar que tenia les qualitats que calien per tenir futur en l'esport de resistència a la muntanya. Tot i que ocupava la part baixa del grup en força i explosivitat, quan ens posàvem a córrer pendent amunt em sentia molt a gust i podia acompanyar els més grans. Devia ser perquè tenia una bona capacitat de recuperació i un cos petit i lleuger, i això al començament em va ajudar. La càrrega genètica i la morfologia no les podem escollir, i ens acompanyen tota la vida, però no són suficients per practicar amb èxit segons quin esport, ni de bon tros. Aquesta predisposició natural ha d'anar acompanyada sempre de molta feina, i, a més, s'ha de complementar amb molta passió. He tingut la gran sort d'haver aglutinat tots aquests requisits, cosa que per desgràcia no han pogut fer molts esportistes. N'hi ha que viuen amb passió l'activitat que fan. Potser no disposen ni d'un cos que els segueixi ni de les capacitats més idònies, i amb una tenacitat estoica que dura anys aconsegueixen grans resultats, però no assoleixen l'excel·lència absoluta, perquè no tenen el plus necessari. També hi ha persones que tenen unes capacitats enormes, però no estimen prou l'esport per perfilar una carrera d'èxit. No s'hi dediquen suficientment i poden acabar desmotivats i amb problemes psicològics.

Encara que costi de creure, no vaig ser jo qui vaig escollir practicar esports de muntanya. Van ser els meus pares que m'hi van introduir, ja de ben petit, com també a la meva germana. Vivíem en un refugi a dos mil metres d'altura, i els llibres que omplien els prestatges eren de Kurt Diemberger, Roger Frison-Roche o Walter Bonatti. Quan teníem vacances a l'escola, sempre anàvem a un lloc o altre dels Pirineus o els Alps a *fer* muntanya.

Pot semblar una paradoxa, però, sovint, una immersió tan intensa en una activitat des de petits pot acabar, a l'adolescència, amb els fills fugint a fer exactament el contrari del que volen els pares. M'imagino, però, que tant la meva germana com jo continuem estimant la muntanya perquè hi vam establir una relació molt més profunda, superior al simple plaer de practicar un esport.

Recordo que, quan érem encara uns marrecs que ens abraçàvem a les cames maternes buscant protecció per por dels desconeguts, havent sopat, ja amb el pijama posat i després d'haver-nos rentat les dents, hi havia dies que la mare ens agafava tots dos de la mà i ens portava a fora del refugi. Ens endinsàvem al bosc a les fosques, sense cap llum que ens guiés. Ens allunyàvem dels camins i avançàvem sobre la molsa i les branques caigudes dels arbres fins que ja no vèiem la claror de casa, i aleshores ella ens deixava anar les mans i ens deia que escoltéssim el bosc i que tornéssim sols al refugi. Al principi, ens feien por els sorolls i la foscor. «I si ens ve un llop? I si ens perdem i no trobem el camí per tornar?» I llavors ens espantàvem i corríem a buscar la protecció de la mare. Però a poc a poc ens vam acostumar a l'obscuritat i als murmuris nocturns: la branca que cruix pel canvi de temperatura quan es fa de nit, el brunzir de l'aire quan el mouen les ales d'una perdiu en arrencar el vol o el vent que xiula entre els arbres. I, escoltant-ho tot, recuperàvem la serenitat, saludàvem el vent i els animals i tornàvem al refugi seguint els senyals. Així, de manera natural i sense que en tinguéssim gaire consciència, la mare ens va ensenyar a *ser part* de la muntanya.

Van passar els anys i, quan ja era un adolescent, vaig descobrir que tenia unes tendències masoquistes. I vaig col·locar l'última peça, la indispensable per completar el puzle que m'hauria de permetre ser un esportista d'alt nivell. La primera l'havia posada el dia que havia començat a modelar els tendons i els músculs per moure'm amb naturalitat en un terreny irregular, durant les sortides amb els meus pares per pujar un cim. Les hores llargues dels recorreguts també m'havien preparat el cor per entrenar la resistència. Ara ja tenia el cos a punt.

A pesar que era un bon estudiant, l'entorn de l'institut m'avorria. La meva traça social era nul·la i no feia cap esforç per fer amics. Només m'interessava la faceta acadèmica, aprendre. Quan els companys esperaven amb candeletes que sonés el timbre per anar a prendre alguna cosa, per jugar al parc, per sortir disparats cap a casa a connectar la videoconsola o per provar de lligar amb algú, jo només pensava a posar-me les vambes i córrer. Volia sentir de nou el cor esgotat i el mal a les cames.

Aprofitava qualsevol moment lliure per entrenar. Al matí, abans que sortís el sol, si podia anava a esquiar amb la mare o em posava senzillament a córrer, o feia lliscar els esquís de rodes des de casa fins a l'institut, que era a vint-i-cinc quilòmetres. Al migdia, en lloc de dinar al menjador, sortia a saltar pels voltants del centre, i els tres dies que la Maite Hernández m'exigia que fes treballs de força anava al gimnàs de la ciutat. Quan tornava a casa a la tarda, encara no havia deixat la motxilla a l'habitació que ja m'havia enfilat a la bici o estava corrent. Si la Maite m'exigia descans, em clavava davant la tele per mirar una vegada i una altra el DVD *La tecnica dei campioni*, en què s'analitzaven amb senzillesa els moviments dels millors corredors d'esquí de muntanya, com ara Stéphane Brosse, Rico Elmer, Florent Perrier o Guido Giacomelli. Tant m'era no tenir amics, tant me fotia que em diguessin que era un excèntric, perquè jo l'únic que volia era saber on podia arribar el meu cos.

Aquesta dinàmica va continuar a la universitat. Fora dels companys que també practicaven esport, la vida social la reduïa a les persones amb qui em trobava a les curses. No vaig anar a cap viatge de final de curs, ni em van veure el pèl en cap festa ni en cap ball, i no vaig tastar ni gota d'alcohol, tret d'alguna vegada que m'hi van, diguem-ne, forçar. Fugia de situacions com aquestes, perquè em feia la sensació que eren tan sols una pèrdua de temps i d'energia, i que em faria més profit descansar o entrenar.

Si ara mateix esteu pensant que jo era un jove amb tendència cap a la desconnexió del meu entorn i amb una visió molt tancada de la realitat, segurament no us equivocareu gaire. Això sí, tot formava part d'un pla que havia escollit, després de reflexionar-hi molt. En el moment que vaig decidir que volia dedicar la vida a l'esport, no vaig dubtar que perquè se m'obrissin algunes portes n'hi hauria d'haver unes altres que hauria de tancar per sempre.

L'esport, ben mirat, no implica una existència en què predominen els sacrificis, sinó les eleccions. Triem sabent on volem anar, i per això tenim la certesa que el secret consisteix a prioritzar el que volem fer realment i seguir el pla que hem dibuixat sense dubtar-ne. Al cap i a la fi, què és més important, tenir amics i nòvia o lluitar per arribar a ser campió del món de la teva disciplina?

Va ser durant els primers cursos a la universitat que vaig començar a entrenar-me a mi mateix. Durant cinc anys, amb la Maite com a preparadora, vaig aprendre les normes bàsiques de l'entrenament, com ara dividir els esforços i entendre la relació entre la càrrega de treball, el descans i la sobrecompensació, o a planificar a mitjà i llarg termini els entrenaments en funció dels objectius, entre moltes altres coses. En aquell lustre, havia aconseguit transformar el masoquista que frisava per emprendre pujades eternes en un jove que volia entrenar tan bé com fos possible per guanyar curses importants. A part de la paciència de la Maite per fer-me interioritzar els conceptes i dur-los a la pràctica, l'altre fet que em va facilitar la millora va ser una lesió que vaig patir quan tenia divuit anys, que em va apartar de l'activitat durant sis mesos. El cirurgià que em va operar em va insinuar que potser no podria tornar a rendir com abans. La inquietud que em va provocar allò i el patiment de pensar que un accident et pot arruïnar la carrera em van estimular a posar-me a estudiar com un possés tots els factors que influeixen en el rendiment esportiu: la biomecànica, l'entrenament, la psicologia, la tècnica, el material, l'alimentació... Va ser una bona decisió, perquè, a pesar que he arrossegat sempre la tara d'una cama amb una funcionalitat minvada, això no m'ha suposat cap hàndicap, sinó que m'ha permès obrir la vista cap a aspectes importantíssims i decisius en el camí cap a l'excel·lència esportiva.

Els interrogants que em vaig obrir sobre com funciona el cos i la ment es van intensificar durant els anys d'universitat, estudiant educació física. Sempre he sigut molt impacient i no he sabut tenir espera. És per això que no podia quedar-me aturat mentre algú altre, que m'imaginava que devia estar fent un estudi minuciós sobre la matèria, arribava a conclusions que em podien ser útils. Com que amb les bases que m'havia proporcionat la Maite ja anava guanyant curses i em sentia segur fent els entrenaments de cada dia, vaig començar a experimentar amb el cos. Amb el meu propi cos.

La idea que em voltava pel cap era portar-lo al límit en una faceta molt concreta, que podia ser la capacitat del metabolisme de funcionar a intensitat de potència aeròbica sense cap aportació d'energia o la possibilitat de repetir esforços anaeròbics en altura i la seva recuperació, per citar un parell dels temes que em preocupaven. Si resolia correctament aquests enigmes, no tan sols podria aprofitar-ne les conseqüències i les adaptacions teòriques, sinó que sentiria amb tota l'exactitud i cruesa les capacitats i els límits del meu organisme.

Evidentment, aquests *experiments* els havia de fer aprofitant períodes en què no competia, per poder tenir un marge suficient de temps per recuperar-me si tot plegat se me n'anava de les mans. A més, calia fer-los en un terreny segur, que controlés i a prop de casa, per si algun aspecte es torçava i havíem de córrer tots.

Només vaig participar en una, de festa, durant els anys d'universitat. I hi vaig anar enganyat per un company, després d'haver fet un dels meus experiments. I encara ara crec que em vaig deixar convèncer perquè arrossegava un cansament que em va fer perdre la voluntat.

Devia ser a la primavera del 2008. Jo era a Font-romeu, i volia comprovar quina capacitat tenia el meu cos de fer activitat sense aportació d'energia; és a dir, quants dies podria estar entrenant i corrent sense menjar res. Per saber-ho, vaig fer vida normal i sortia a córrer entre dues i quatre hores al matí i una a la tarda, però havent eliminat tots els àpats. Em va caldre ajustar la logística, prèviament, perquè no dubtava que si tenia menjar a l'habitació no m'aguantaria la gana, i vaig buidar tots els armaris i la nevera i ho vaig posar tot en mans d'un company després de donar-li la consigna que no em proporcionés res encara que l'hi supliqués a la matinada. Només em permetia a mi mateix beure aigua, això sí, tanta com volgués.

He d'aclarir, amb tot, que l'únic que volia comprovar amb aquest experiment era quant de temps podia córrer sense energia afegida, només amb els pocs greixos i les proteïnes musculars que tenia el meu cos com a aliment, i estudiar-ne les etapes. No vaig pensar ni per un moment, de debò, que estava fent una teràpia per perdre pes o per comprovar si podia rendir igual o més menjant menys.

Per desgràcia, en l'esport d'alt nivell, sobretot en les disciplines en què el pes és molt important —i això inclou l'atletisme i l'esquí de muntanya—, molts esportistes tenen l'obsessió de perdre pes, per a ells és un problema recurrent i de gran relleu. L'objectiu de rebaixar-lo fa que molts facin autèntiques bestieses, ja sigui per estètica o per emular els ídols que té cadascú.

Conec esportistes que han passat gana mitja vida per mantenir el pes que s'havien proposat; d'altres que es lleven de matinada per saquejar la nevera perquè no aguanten més els entrenaments sense menjar; i els pitjors, encara, els que es provoquen el vòmit després d'ingerir aliments per enganyar la gana i poder continuar amb un pes baix.

Si bé hem d'acceptar que l'esport d'alt nivell no és gaire saludable, perquè portem el cos al límit i ens arrisquem a patir una lesió, també hem de posar per davant de tot que hem de ser nosaltres els que ens dirigim el cos, que ha d'estar sempre sota el nostre control. Quan els impulsos primaris ens dominen, ja hem perdut. Si no controlem el que fem, l'esport perd la bellesa i a nosaltres ens aboca a caure en espirals que ens poden enfonsar en la negror de les depressions o de malalties com la bulímia o l'anorèxia, i en casos extrems a perdre el sentit de la vida i llevar-nos-la. I, per desgràcia, aquest encara és un tema tabú dins el món de l'esport, que necessita sortir a la llum.

Recuperem l'experiment de Font-romeu.

Un cop vaig buidar de menjar l'habitació, i amb la voluntat d'anar fins al final, vaig començar a córrer. Tenia el cos habituat a les sortides llargues amb els pares des de petit, de moltes hores, sense prendre res. És per això que el primer dia no vaig notar que em baixés gens el rendiment. Bé, si he de ser sincer, he de confessar que al vespre, quan em quedava sol al quarto, tenia una gana que tombava. Després d'una nit patint, al matí reprenia la marxa pel meu circuit habitual, que durava entre tres i quatre hores. Sortia de l'habitació a l'ermitatge de Font-romeu i pujava fins a dalt de tot de les pistes d'esquí, baixava per l'altre costat i anava a fer un volt per algun llac o pujava a un cim de les Bulloses i el Carlit. Ja tornant, m'enfilava fins al capdamunt de les pistes i baixava als apartaments, i va ser en aquella pujada moderada que vaig poder veure amb molta claredat quins eren els efectes de l'experiment.

El ritme total no havia variat gaire, perquè era capaç de córrer a un ritme mitjà durant hores sense grans dificultats, però en aquella ascensió solia accelerar per intentar pujar tan ràpid com podia. Però a partir del segon dia, sense haver menjat, va ser impossible. Per més que m'hi esforçava, no podia esprintar. El meu cos s'havia convertit en un tractor amb combustible dièsel que era capaç de desplaçar-se per distàncies llargues lentament, però havia perdut la potència.

Va continuar tot igual, si fa no fa, el tercer i el quart dia. El cinquè, ai, durant la sortida matinal, vaig perdre el coneixement mentre corria i vaig caure plegat a terra.

Per sort, em vaig despertar sense ajut poca estona després. No havia estat en perill perquè per aquell camí hi passava gent sovint, que en cas de més necessitat m'hauria pogut socórrer. Vaig tornar a l'ermitatge, vaig anar a l'habitació del meu company i vaig menjar de nou.

Va ser aquella mateixa setmana que em van convèncer perquè anés a la festa de final de curs. Vaig tenir-hi un cert protagonisme, perquè em vaig desmaiar mentre m'estava bevent un suc de taronja.

És des de llavors, i fins avui, que he anat posant en pràctica la metodologia per conèixer millor el meu cos i els beneficis que obté segons quin sigui l'entrenament. He experimentat amb la son, amb la hidratació, amb diversos tipus d'entrenament i a grans altures, provant materials diferents o practicant cent hores en una setmana. La majoria d'aquests entrenaments han acabat sent un desastre. El rendiment no era el que esperava, i la fatiga era tan gran que n'obtenia poca cosa. Però, això sí, en cada una de les proves he trobat pistes o idees per millorar i acostar-me als meus límits.

L'últim experiment m'ha permès investigar sobre l'adaptació a grans altures. Quan el 2012 vaig començar el projecte Summits of My Life, una de les meves grans preocupacions era com em podia aclimatar tan amunt. I des del meu primer viatge a l'Himàlaia, i fins al 2017, cada any he fet almenys una expedició o una estada en altura per provar formes diferents per aclimatar-me. Això sí, amb la premissa ineludible d'estar-m'hi poc temps, perquè hi ha coses més interessants a la vida que quedar-te tres mesos al peu d'una muntanya.

Si bé en el primer desplaçament a l'Himàlaia l'aclimatació va ser bona, vaig trobar a faltar haver pogut pujar més de pressa. Després, el 2014, vaig anar al Denali, a Alaska, i per voler fer massa activitat cada dia em vaig fondre les forces. Tot i les bones sensacions al final dels primers dies —hi vam estar dues setmanes—, quan vaig fer l'ascens i el descens ràpids ja no em quedava res. Aquell mateix any, abans de marxar a l'Aconcagua, vaig voler fer un treball d'aclimatació a l'altura als Alps, i va funcionar bé. El quart dia d'estar-me a la muntanya vaig pujar al cim, però després el fet de voler entrenar massa i massa ràpid en altura va ser negatiu, i el dia que vaig aconseguir el rècord, durant l'ascens, vaig patir un edema cerebral que va provocar que durant la primera meitat del descens no tingués cap control sobre les meves cames. Semblava que fossin de gelatina, no aconseguia mantenir l'equilibri i queia constantment a terra.

Durant els tres anys següents vaig anar a l'Himàlaia i vaig assajar estratègies diferents: poca activitat, molta, entrenar-me a poc a poc o ràpid, aclimatar-me prèviament... Finalment, durant l'expedició al Cho Oyu i a l'Everest, l'aclimatació i el rendiment en altura van ser perfectes.

Sóc conscient que la forma d'entrenar que tinc pot ser perillosa. Per un motiu: està enfocada a buscar els meus límits, i puc arribar, en el pitjor dels casos i segons el que estigui provant, a traspassar-los i a posar en risc fins i tot la meva vida. És ben diferent de quan et prepares per tenir el cos a punt i en les millors condicions un dia determinat per superar un repte o per batre un rècord. És molt diferent.

Si hagués continuat sense menjar i corrent després d'haver-me desmaiat, en aquella experiència límit de Font-romeu que no recomano que practiqui ningú, hauria forçat encara més el cos, però no tinc ni idea de quines conseqüències hauria patit. Si alguna altra vegada no m'hagués hidratat després de tenir rampes a tot arreu i veure que el meu pixat era més negre que el carbó, hauria entrat en una crisi renal. Són casos extrems, però.

La meva experimentació no tenia només una funció física, sinó que també em permetia guanyar confiança en mi mateix. Sabia de primera mà què era capaç de fer i aprenia a patir i a treure tot el suc del cos quan les forces desapareixien o la motivació queia. Per guanyar curses és imprescindible ser ràpid, però amb això no n'hi ha prou per ser competitiu. Hem de saber que els límits fisiològics del nostre cos no els podrem superar, però en canvi sí que podem construir-nos una armadura amb les peces de la preparació mental, la tècnica, el material que fem servir i l'estratègia per intentar arribar tan lluny com puguem. El nostre organisme és savi i, quan cal, ens envia els senyals per demanar-nos si volem continuar o no. Aquests tocs d'alerta es diuen desmai, mal de cames, al·lucinacions o vòmits. Depèn de nosaltres, només de nosaltres, voler traspassar l'última barrera.

Hi ha un límit últim, psicològic. Es diu por. És una bona companya de camí. Té dues cares: l'anvers ens permet superar tots els frens fisiològics si la ignorem, i podem conèixer realment fins on som capaços d'arribar; el revers ens condueix, si no la sabem escoltar bé, cap a l'abisme. Hem de valorar si és o no la millor parella de ball.

L'entrenament físic m'encanta. Anys i anys treballant, vivint gairebé en l'abstinència, per trobar el moment de forma idoni, i efímer, que s'acaba en un no-res. Contrasta amb l'activitat intel·lectual, en què els coneixements s'adquireixen i s'acumulen constantment. Treballant amb el cos, no tens mai un guany que sigui sempre teu, que duri, perquè has d'estar entrenant sempre amb la mateixa intensitat per aguantar el llistó on el vols tenir.

Hi ha massa esportistes que s'han format des de petits per competir i ser campions, però de números u n'hi ha ben pocs, només els elegits. En realitat, el que es crea són persones amb un *ego* enormement inflat, que és només l'indici d'un pot acumulat amb moltes frustracions. En lloc d'això, sóc partidari que els nens no es formin per guanyar, sinó per entrenar. Si fos d'aquesta manera, tothom tindria el seu propi pastís, ben bo i gustós, i la competició seria només la cirereta que li donaria el toc final. Vaig tenir la sort que això va ser el primer que em van ensenyar tant la Maite Hernández com el Jordi Canals al Centre de Tecnificació. Entrenar era necessari, competir era opcional, i ja arribaria quan hagués d'arribar. Aquesta idea em va ser molt útil quan, al cap dels anys, tirava Everest amunt.

La Maite i el Jordi també em van ensenyar a ser metòdic i analític, a apuntar tot el que tingués relació amb el rendiment per poder analitzar-ho després i detectar qualsevol aspecte que no hagués funcionat bé. Això implicava fer el recompte de tot, del temps i dels quilòmetres d'entrenament, i fins i tot de les hores de son —i de si m'havien fet profit— o de si havia fet un viatge amb cotxe o m'havia posat malalt.

Ho anotava tot, tot, en uns folis amb una pauta quadriculada, jo sempre tan meticulós, i cada dues setmanes ens trobàvem amb la Maite i ens els miràvem per comentar junts què havia de fer la quinzena següent. Amb ella vaig aprendre la importància de ser precís en les anotacions i a no deixar de banda cap detall que, al cap del temps, pogués acabar sent significatiu.

Recordo que un dia estava entrenant al Centre. Feia molta calor i, com sempre, jo no portava cap líquid. Al cap d'unes quantes hores d'activitat, tenia una set que em moria i la Maite em va oferir aigua de la seva cantimplora. Quan vaig saltar per agafar-la, me la va apartar de cop.

—Però és que no has après res del que t'he ensenyat? Ara imagina't que estic refredada, i que beus de la mateixa aigua de la qual jo he begut, amb tots els virus i bacteris. Què en faríem de la setmana d'entrenament que hem planificat?

Quan vaig començar a entrenar-me tot sol, vaig continuar amb la feina metòdica d'anotar-ho tot. El 2006 vaig crear un document Excel on ho tinc tot apuntat: cada activitat, cada dia que he estat malalt, cada trajecte en cotxe o avió que ha afectat el descans, cada acte públic en què he participat i que m'ha fet perdre la concentració en els entrenaments, cada sensació estranya o bona.

La interpretació de totes aquestes dades és complexa, i em fa tocar de peus a terra. He de ser tan honest com pugui en les anotacions, perquè, si no, d'aquí a uns anys, quan vulgui saber per què aquella setmana concreta em vaig trobar tan bé, si no he sigut prou sincer i he indicat sensacions falses, tot el que en pugui extreure serà erroni. A pesar que sóc l'únic lector d'aquest document, de vegades em costa evitar la falsa modèstia o la sobrevaloració.

Per exemple, un dia hi vaig escriure:

«16 de febrer de 2005. 42 pulsacions en llevar-me, 2 hores 30 minuts d'esquí de muntanya - 2.300 metres. 30 minuts d'escalfament, 6 sèries de 15 segons màximes i 5 sèries de 6 minuts a 180 pulsacions amb 1 minut de recuperació. A les primeres recuperacions baixava bé a 130 pulsacions, a partir de la tercera no baixava de 150. Estiraments a la tarda, constipat».

I un altre dia:

«14 de juny de 2011. Matí: Les Houches-Mont Blanc (4 hores 7 minuts) - Les Houches (6 hores 47 minuts), una mica cansat però encara puc forçar. 4.200 metres desnivell. Tarda: bici suau 1 hora 30 minuts, 300 metres, cames pesants, però fresc de càrdio. Entrevista i viatge».

Les anotacions encara eren més importants a les curses o als objectius, perquè era allà on podia veure si el que havia fet per arribar-hi havia estat profitós:

«14 d'agost de 2013: Sierre-Zinal, 32 km, 2 h 34' 15": cames molt pesants des de l'inici, em sento bé de càrdio, però gens de cames, mal ísquio esquerre i bessó dret. No puc aguantar ritme i falta velocitat en el pla».

«30 d'agost de 2008: UTMB, Ultra, 160 km - 10.000 m, 20 h 56' 59" (reals 19 h 50'), bones sensacions. Surto al meu ritme sol, a Fully una mica de son i no menjo bé, a Champex torno a estar despert i a córrer bé. Després l'organització em para 1 hora i, molt desmotivat, decebut i emprenyat, acabo perquè Mermoud insisteix».

«9 de febrer de 2015: Campionats del Món d'Esquí de Muntanya a Verbier, 1.925 m, 1 h 28' 12". Molt bones sensacions pujant i baixant, puc controlar. Fresc i amb xispa. Baixant tranquil. Forma top».

Avui dia, a diferència de quan m'iniciava en l'esport, el que sembla important és arribar a ser un corredor professional tan ràpidament com sigui possible, o fer saber a tothom la intensitat de la teva preparació perquè algú cregui en tu. Abans treballaves a l'ombra i t'era fàcil ser rigorós i honest i marcar-te els objectius reals i adequats al nivell que tenies a cada moment. Entrenaves i entrenaves, i esperaves que el cos anés madurant per poder arribar, potser, a guanyar alguna cursa al cap dels anys. Si no dubtes de tu mateix, et pots crear expectatives massa altes, i si no et dónes temps per fer la feina pacient de la formiga, les hòsties poden ser d'antologia.

Ara mateix, si comences, has de triar entre ser un corredor professional, d'elit, pertànyer al gloriós cinc per cent dels millors del món, o ser un corredor *influencer*. En aquest cas, l'entrenament, quan no competeixes, es convertirà en un complement professional, i hauràs de trencar-te el cap pensant quines activitats atractives pots fer per cridar l'atenció del públic, des del punt de vista visual, comunicatiu o d'inspiració, buscar resultats cridaners, tot i que no tinguin gaire interès atlètic. Si no és aquest el nostre camí, hem de ser conscients que el trajecte és llarg i el resultat, incert. Si arriba l'èxit, serà després de molts anys de feina sense cap recompensa immediata.

Alto, totes dues formes de vida són igual de legítimes i d'interessants. El que importa és saber què volem, què busquem, perquè tot i que en la capa superficial les dues vies poden assemblar-se, en realitat són com un ou i una castanya.

Si volem acabar sent un corredor d'elit, és probable que el nostre destí inclogui l'acumulació de moltes frustracions, poca atenció i escasses recompenses al nostre esforç. El premi que acabem valorant més, al cap i a la fi, és la satisfacció de treure el millor que tenim de nosaltres mateixos en el nostre interior. Si aquesta recompensa no és suficient, val més que ho deixem córrer, perquè si no, no trobarem el sentit a dedicar la vida a l'entrenament dur i constant, a la conquesta de la perfecció. No entendrem per què cal patir tantes lesions, controlar tant els aliments i abstenir-se de moltes coses, de moltes. I tot això sense poder agafar vacances, perquè la vida que tries t'ocupa totes les hores de tots els dies. Durant dècades.

És el cas d'alguns joves atletes europeus que, sent encara uns adolescents, abandonen els privilegis del benestar occidental i se'n van a viure a Iten, als altiplans de Kènia, i fan una vida *low profile* en una habitació austera d'un centre d'alt rendiment. Sense cap distracció, sense cap comoditat. Fan vida d'asceta, com un monjo. I tot per aferrar-se a la possibilitat que un dia els focus se centrin en ells i puguin esclatar en alguna competició. El preu de perseguir aquest somni és anar a viure lluny i dedicar-hi uns quants anys de la vida. Irrecuperables, si no te'n surts.

Penso en tot això i em ve al cap la imatge de l'ermitatge de Font-romeu, que és metafòricament el meu Iten kenià. És un antic monestir adaptat com a residència universitària, amb unes habitacions senzilles sense connexió a internet i amb poca cobertura telefònica, al peu de les pistes d'esquí. Encara avui, quan m'adono de la velocitat del món actual, de l'excés d'informació, d'estímuls i distraccions estúpides, i com afecta tot plegat el meu cos, agafo la furgo per amagar-me en un lloc remot on ningú em pot trobar si jo no vull, i durant unes setmanes em dedico a recuperar el domini sobre el cercle virtuós essencial en la vida d'un atleta: menjar, entrenar, menjar, entrenar i dormir. I prou.

A la societat prèvia a internet encara era factible viure buscant els resultats a llarg termini. Avui és gairebé impossible trobar algú que aposti per un objectiu llunyà, sense tenir la seguretat que l'assolirà, perquè per sobreviure cal tenir les necessitats bàsiques cobertes. I, sense saber com, ens hem arribat a creure que són moltes, massa. Vivim en una societat on encara tenim memòria d'un passat autàrquic, en què les persones cultivaven els aliments o caçaven, o es feien la casa, o s'espavilaven per mantenir la salut. En aquell context, els diners no eren gaire necessaris. Ara això ja no té cabuda en el salvatgisme capitalista actual, i fins i tot ens hem acostumat a distingir entre els diners que ens fan falta per a la supervivència primària del dia i a dia, i els que volem destinar a satisfer els nostres plaers. Vist així, la feina en una oficina o en una fàbrica no és gaire diferent de la que fa un atleta que s'entrena muntanya amunt muntanya avall, l'objectiu econòmic seria el mateix. És per això que hem de decidir si ens volem guanyar la vida fent una feina que tingui dosis de passió o si ens volem prostituir una miqueta amb una altra que no ens agrada, però que ens omplirà la butxaca. Això, normalment, no ho pensem quan tenim setze o disset anys i hem d'escollir com volem viure i quants diners necessitem per fer-ho. És una llàstima.

Tan bon punt vaig guanyar el primer campionat del món van sortir del no-res persones que representaven marques esportives per posar productes diversos a la meva disposició. A mesura que vaig continuar guanyant competicions, les mateixes persones em van oferir diners perquè seguís entrenant i competint. Lògicament, em donaven una alegria i em treien un pes de sobre perquè m'arreglaven l'economia.

Amb el temps, i amb l'empenta de les xarxes socials, tot això ha canviat molt. Els resultats han deixat de ser el més important. Abans un atleta guanyava una competició i sortia als mitjans tradicionals, o l'aplaudien els altres corredors i els espectadors que acudien a la cursa. Tot això es complementa avui amb allò que en diem, ehem, la creació de continguts i la comunicació social.

Sempre he estat un esportista que ha tingut l'objectiu únic de buscar el rendiment màxim, de planejar projectes que siguin un repte a superar. Això és compatible amb el fet que sóc un negat, i no sé com es cuida un hort ni sé caçar, i no em feu construir una casa, sisplau. Estic massa ben acostumat i tinc interessos que m'allunyen d'aquest model utòpic de vida, i viatjo, contamino, faig servir internet, no m'agrada la roba però necessitem vestir-nos pel fred. No he tingut els pebrots d'escollir fer la vida de l'ermità, i m'he deixat prostituir una miqueta per guanyar els diners que necessito per continuar vivint i passant-m'ho bé satisfent les meves passions. Això m'ha allunyat una mica del virtuosisme del menjar-dormir-entrenar, i he fet i faig altres *feines*, com protagonitzar audiovisuals, comunicar per mitjans diversos o parlar amb la gent. He tingut la sort, això sí, de poder triar amb qui m'he associat, i no m'he vist obligat a vincular-me amb empreses amb les quals no comparteixo valors i projectes. Confesso que avui guanyo més diners dels que necessito per viure, però també puc assegurar que, quan veig que els compromisos que me'ls fan guanyar em poden apartar de l'entrenament i la millora, dic prou. Els diners no em tornen el temps que em poden fer perdre.

Si bé des del començament de la meva carrera havia buscat la progressió i l'exploració constant, no m'havia parat mai a pensar quin tipus de corredor volia ser. I això era fonamental per saber quin entrenament havia de seguir a llarg termini.

Volia ser un corredor de llarga distància? Preferia ser un esquiador de muntanya? Potser un que competeix cada setmana? Millor un d'aquells que només es posa a prova un parell de cops l'any però amb una preparació impecable? El primer que havia de fer era plantejar-me quin model de corredor admirava més: el que pot córrer una marató en gairebé dues hores, com el kenià Eliud Kipchoge, o el que és capaç de disputar més de vint curses cada any i a un gran nivell, com el japonès Yuki Kawauchi? Buf, si pensava en el rendiment absolut, el kenià; si em centrava en la recuperació, el japonès. Terrible dilema.

Admiro tots dos corredors, tant l'un com l'altre, i m'inspiren igual. Però, i jo? M'agrada el rendiment màxim, i alhora no vull que això vagi en detriment de les altres facetes de les activitats que faig. Fins a quin punt m'interessa perjudicar la qualitat per poder augmentar la quantitat? I a partir d'aquesta pregunta, el cap se m'escalfa. D'una banda, vull continuar lluitant per la victòria en curses com la Pierra Menta d'esquí de muntanya, el quilòmetre vertical de Fully, una ultra trail de cent seixanta quilòmetres, la marató de Zegama, i no vull deixar de participar en unes per centrar-me en unes altres; de l'altra, no em puc amagar que ara els corredors s'especialitzen més i no sé si puc continuar sent competitiu en totes alhora. No obstant això, els pensaments van per lliure i m'adono que ara com ara la competició ja no m'excita com abans. La veig com un entrenament, sí, però per a què m'estic entrenant? I és fotut deixar el tron expressament perquè siguin els altres el que l'ocupin, perquè és molt gustós quan t'hi has acostumat.

Després de fer aquestes reflexions torno a la rutina. Com cada matí, avui d'esma, em llevo, em poso els pantalons curts i les vambes, em bec un got d'aigua. No em fa prou il·lusió guanyar la cursa d'aquest diumenge. No la suficient per torturar-me el cos durant les tres o quatre hores que havia previst. Em poso els auriculars i selecciono la *playlist* que he anomenat «Entrenament». Estic enfadat amb mi mateix perquè sé que no dono prou importància al fet que faig el que m'agrada, a poder córrer enmig d'un paisatge meravellós. Deixo que la música em faci oblidar el pas del temps, escolto la lletra d'aquesta cançó de Sopa de Cabra i començo a trotar.

> Rius de gent
> malferida corren sols
> escopint el seu fracàs.

I cada dia que passa sento més com un fracàs no tenir l'ambició d'abandonar la comoditat que em suposa saber que sé competir i que m'és relativament fàcil guanyar les curses. I continuo corrent, per inèrcia, sense objectiu. La cançó em fa sentir cada cop més malament perquè m'hi reconec.

Mentre ploren
de ràbia i per amor
a un nom inexistent.

Podré tornar enrere
quan estigui massa lluny.
Podré tornar enrere
quan sigui massa tard.

Arribo al cim i m'aturo. Havia pensat fer tres pujades a tota castanya, perquè és el que solc fer en aquest període de l'any, però ara no hi trobo el sentit. M'agrada molt entrenar, estic encantat amb la meva vida i enamorat de l'esport. Alguna cosa falla: la visió tan clara que tenia de tot plegat s'ha acabat. Visc com una tragèdia que, tot i que la vida conté moltes vides, ens quedem vivint-ne una quan ja no hi és.

Baixo tranquil·lament, moc les cames a poc a poc, però el cap em va massa ràpid i no em para de donar voltes. No sé què vull fer. Què em pot motivar perquè continuï entrenant tan fort? La inèrcia fa que les cames es moguin més de pressa. Començo a pensar que he de tornar als orígens, he de recuperar el que em feia vibrar abans de saber què era entrenar i què era una competició.

Preparant l'assalt a l'Everest

Em costa molt pensar que escalar una muntanya sigui un acte heroic. Sé que és fàcil fer veure que ho és. Quan ets al peu d'una gran muntanya, amb glaceres que imposen verticalment a sobre teu, pedres que cauen per l'escalfor i distàncies que semblen impossibles de superar, és fàcil convèncer els altres que pujar-hi és un exercici titànic, que calen unes capacitats físiques sobrehumanes per sortir-se'n i el valor propi d'una divinitat. Però —em sap greu si algú es decep— la realitat no és aquesta: escalar una muntanya consisteix tan sols a posar la teva vida en perill per intentar arribar a un cim, i després baixar-ne. Queda clar que això et situa en un àmbit més proper a l'estupidesa que a l'heroisme.

Si bé hi ha esportistes que dissimulen fent coincidir l'expedició amb campanyes per recollir fons per a algun projecte solidari o per cridar l'atenció sobre una malaltia poc comuna, l'acte d'ascendir a una muntanya alta de l'Himàlaia no és heroic. En realitat, és una activitat egoista. És oci perillós i car.

Sempre m'ha atret l'alta muntanya, però em fa molta mandra haver d'entrar en la dinàmica que comporta una expedició clàssica. Haver de passar dos o tres mesos dins d'una tenda en un campament base, esperant que s'obri una finestra de bon temps que permeti emprendre l'ascens. Trobo que és una pèrdua de temps, que no val la pena. *Avorriment* i *inactivitat* són les dues paraules que resumeixen millor la vida en un camp base. A més, la forma física decau i la motivació queda enterrada sota la neu. La vida en un camp base és estar en un paradís de muntanyes, però presoner per al descans entre les parets de la tenda. En un oceà de pedra grisa i un mar de pols, envoltat d'aire sec i sota un cel blau. Flanquejat en dos costats per muntanyes rocoses, amb un riu d'aigua freda que travessa fent ziga-zagues i obrint-se pas cap a una sortida d'aquest desert de pols en direcció a terres més baixes, per alimentar l'herba i alguns arbustos.

Seguint el contracorrent, trobaria que l'esplanada on sóc és interrompuda per monticles de pedra que pleguen el terreny com si fos una manta rebregada, i més amunt, el glaç, una glacera enorme. I el vent, un vent constant que baixa de les muntanyes i s'escapa dels cims blancs seguint el mateix recorregut que el riu. I miro les quatre tendes, petites, més una de més gran en un extrem de l'esplanada, d'un color groc que el sol ha desgastat. A dins de la més gran, és com si fos en un càmping, amb quatre cadires i un termos de te. Escolto el soroll del vent que sacseja les parets, i em ve al cap la imatge cinematogràfica d'un helicòpter batent les hèlices a fora, que s'acosta i s'allunya alternativament, però que no marxa, com en un malson.

Davant meu tinc un llibre, que ja he llegit un parell de vegades, i m'exclamo per tots els que m'he descuidat a casa. El rellotge només marca dues hores: les sis del matí quan ens reunim per esmorzar i les sis de la tarda quan ens retrobem per sopar. Entremig no hi ha hores, no hi ha minuts, no hi ha segons, només un temps indefinit. «Hòstia, quin avorriment.» La mirada perduda, esperant trobar alguna cosa per distreure'm. Ja no és la que tenia els primers dies, nerviosa i àgil, és una mirada seca pel vent que només reacciona quan veu al davant una muntanya inèdita que somio pujar, un gos negre que passeja amb la mateixa mirada que jo, una forma dels núvols que em recorda el mateix dibuix d'un altre núvol, un vespre de tardor a casa.

Quan fa poc que he arribat, ric veient el Vivian Bruchez agafant una llauna de Coca-Cola per fer-ne figuretes amb la seva navalla suïssa; al cap d'uns quants dies, em passo hores repassant amb la vista l'enorme pila d'escultures platejades que s'han anat acumulant. N'hi ha de senzilles —una cara, una muntanya amb una traça d'esquís— i de més complexes —un escalador fent un ràpel en una paret amb la corda, l'arnès i fins i tot els piolets retallats a l'aire—. Mentre les talla en silenci, les nostres mirades distretes obliden el pas del temps.

Estic observant el Vivian en plena creació artística i de sobte noto que la roba se'm comença a enganxar. Són els calçotets de llana de merino, que comencen a estar gastats. Eren força nous quan vaig arribar, però ja fa dies que s'estan desfilant. Quan en vaig agafar només un parell per a l'expedició, pensant en el pes que estalviaria per poder encabir-ho tot en els vint quilos que es poden pujar a l'avió, no vaig pensar que l'aigua glacial amb què els rento, amb molts minerals, i l'aire sec en debilitarien els filaments. El forat a la part de sota era inevitable, sí, i ara que camino em deixa un testicle penjant per fora.

Com si fos una arma, agafo un bolígraf i el passejo davant el paper en blanc, sense tocar-lo. No tinc idees. De fet, només una: tot està escrit, tot és plagi, repetim, repetim i repetim fins a la desesperació, no podem dir res que sigui nou. Miro les pàgines de la llibreta, que m'ha acompanyat durant anys en els viatges i les expedicions. Torno a observar els dibuixos que havia fet de prototipus de botes d'altura, de tendes per protegir millor del vent o de piolets lleugers. Llegeixo les anotacions dels calendaris sobre el temps i les dates, amb detalls de les activitats que he fet, alguns pensaments i telèfons i contactes de persones conegudes en algun campament i que no he fet servir mai. M'aturo en un text escrit a Alaska. Hi vaig anar per participar en la cursa del Mount Marathon, de només cinc quilòmetres, que surt de Seward a nivell del mar i puja i baixa el cim que hi ha darrere el poble, amb gairebé mil metres de desnivell. Recordo que, mentre hi anava, em preguntava si valia la pena un viatge tan llarg per a una cursa tan curta, d'uns quaranta minuts. Va resultar, però, que va ser una de les més interessants que he fet mai:

«Estic suant i la suor em baixa per la cara, m'entra als ulls i em piquen. Només em veig les mans recolzades als genolls i empenyent les cames per pujar més ràpid, i quan aixeco la vista veig el cul de Rickey Gates. Sé que per sobre hi ha un fort pendent de terra negra, que estem pujant, i més amunt el cim, on farem mitja volta. La forta respiració m'obliga a mantenir la mirada baixa, a les mans que empenyen les cames. "Vinga, Rickey, per què li estem fotent tan fort? Que no podríem afluixar una miqueta?", penso. Però no reduïm el ritme, i quan sóc jo que em poso a tirar intento desafiar amb un ritme encara més dur. Agafo aire fort i corro. Els bessons no m'estimaran mai, fa anys que els maltracto, i ara estan més tensos que les cordes d'una guitarra. Entre respiració i respiració em passo la mà per la cara per netejar-me la suor del front i els ulls, que els necessitaré ben oberts quan baixi a tota pastilla entre aquestes pedres. Arribo al cim i tan sols tinc temps d'obrir els pulmons i agafar aire. I comença el *rock-and-roll.* I no pararà fins a la línia d'arribada. I no vull baixar rodolant. I continuarà tota la nit. Aquí diuen que les lleis existeixen, però que van ser escrites en un lloc llunyà. Vinc d'Europa, on el *trail running* es capfica en el *trail* i s'ha intoxicat del seu propi èxit, i ara l'aire fresc d'Alaska impregna tot l'esdeveniment. S'ha de córrer amunt i avall fins a sagnar i celebrar-ho amb intensitat. Això és tot.

»Quan algú pontifica, segurament el que està fent és protegir la seva obra, i ho fa preservant els estàndards amb els quals va ser esculpida. Aquest algú prova de convèncer les generacions futures que han de seguir les seves regles per assolir l'excel·lència. Però són les 4.30 hores del matí, sempre són les 4.30 hores del matí, que deia Charles Bukowski. Estem tan capficats en el nostre camí, en l'esforç de concentració per fer-ho tot bé, amb una passió religiosa per la nostra disciplina, amb la por de caure en el que no coneixem, que mantenim els ulls en el camí, en les mans que empenyen els genolls. I no ens adonem que estem seguint les regles d'un home que va córrer a peu una cursa de cavalls, o d'un altre que va pujar per sobre dels vuit mil metres sense oxigen tot sol, d'un que va decidir deixar a casa els pitons, les cordes i la seguretat per fondre's amb les parets. Estem seguint les lleis dels que van trencar-les. Potser és l'hora d'oblidar les regles, d'esborrar les pàgines que hem anat escrivint, tot i que de vegades tenim la tinta tan resseca que ens costa veure els fulls verges. La motxilla de les experiències hauria de ser una caixa plena de recursos, però massa vegades és només un pes mort que no ens deixa volar lliures».

M'aixeco i surto per pujar un dels cims que hi ha a la vora. No tinc permís per fer-ho, i és fàcil que el cansament amb què acabaré em redueixi les probabilitats d'assolir el cim que he vingut a coronar. Però jo no en tinc, de paciència, i odio perdre el temps.

Capítol 2

Casa meva és la muntanya

El meu paisatge únic no existeix. No podria assenyalar amb el dit i indicar: «Casa meva és la que hi ha entre aquell turó al nord i aquella vall al sud». Hi ha molts llocs on em sento una mica com a casa, però no n'hi ha cap que consideri totalment meu.

Em vaig criar en un refugi, compartit amb muntanyencs, esquiadors i turistes que estaven de pas. Suposo que és per això que he acabat sent un vagabund, perquè ja de petit vivia en un lloc que en el fons no era de ningú.

Normalment relacionem *casa nostra* amb un espai físic, ja sigui un edifici, un barri, un poble, una ciutat o un país; de vegades, quan hi pensem, ens vénen al cap només les quatre parets d'una habitació. *Casa* és el lloc on, quan hi entres, sents l'olor coneguda de la roba neta, o del sofregit, o dels camps de blat. És la claror que entra per la finestra cada vespre i dibuixa unes ombres conegudes. És despertar-se a la nit i deambular sense que et calgui encendre el llum. Jo, en canvi, totes aquestes sensacions les tinc escampades, perquè casa meva la formen espais concrets que em fan sentir bé quan hi sóc. Passejo per la Cerdanya i de sobte em sento a casa, però de seguida el miratge es desfà; torno a Chamonix i m'acull l'olor de la tardor i sóc a casa, però aviat l'encant es trenca; al Nepal, també hi noto la relaxació de la llar per uns instants, i tot sovint, viatjant amb la furgo per algun país que no coneixia, em puc trobar més al meu lloc que en aquella casa que he pagat, que he fet meva i on hi ha dies que em sento com si fos un estranger.

Casa és, potser, compartir el temps amb les persones que estimes. *Casa* és riure. *Casa* és fer l'amor. És sentir el confort de la soledat i és plorar sense patir per si algú et mira. Si repasso tots els trossets de món que em fan de món, m'adono que tots tenen un denominador comú: són tots a la muntanya.

Tots els maldecaps els havia tingut perquè m'estava allunyant de casa. Les curses, amb tota la gent i el soroll, són com ciutats. Acabaven sent el meu paisatge habitual. I jo m'hi sentia com un estranger.

Sempre he trobat la serenor en la soledat. Per a mi, tres són multitud. Tant en les famílies com amb els amics m'he sentit sempre com aquell que hi té un peu a dintre i un altre a fora. Com algú que s'hi troba bé una estona, de tant en tant. En un món tan connectat i tan *social*, no he volgut pertànyer mai a cap tribu.

Quan era petit, pensava que de gran volia viure en una casa aïllada mig perduda a la muntanya, on em calgués com a mínim una hora per arribar a algun indret habitat. N'havia dibuixat els plànols i tot: una habitació per dormir i una altra per guardar tot el material esportiu, i una cuina amb una taula. Com que seria al mig de la natura, no em caldria un quarto de bany per amagar-me dels altres, podria gaudir cada dia de fer les necessitats elementals contemplant unes vistes magnífiques, més inspiradores que una paret amb rajoles blanques.

Els meus somnis van xocar amb la realitat de Chamonix. Per grandària i diversitat, allà els homes i les dones s'agrupen pel sentit de pertinença a una tribu, i el fet de pertànyer a un grup els fa creure que els uns són millors que els altres. A mi, sense haver-ho demanat, em van incloure en aquella colla d'*ultra trailers.* Tot i que no vaig anar a buscar mai el carnet de *soci*, també reconec que no vaig fer gaire res per desenganxar-me l'etiqueta de membre del club. Tenia massa ganes d'activitat i, tret d'alguna vegada que havia sucumbit per la insistència d'algun espònsor o algun periodista, no havia posat mai els peus a cap bar o restaurant ni als llocs on la gent acostuma a quedar per parlar i certificar que pertanyen a la tribu dels elegits, cosa que demostren amb la manera de parlar i vestir, i en la tria dels locals que freqüenten.

Si vaig anar a viure a Chamonix va ser perquè era un lloc mític per a mi. Ja de ben petit, havia llegit moltes històries que en parlaven. No és un indret remot. Al contrari, és al centre dels Alps i està molt ben comunicat. Per a mi era un espai simbòlic que em permetria viure aventures i progressar en el món del muntanyisme. Era perfecte per retrobar la connexió amb la muntanya.

Vaig pujar al Mont Blanc per primera vegada quan era un adolescent, i la petita satisfacció de fer el cim no compensava el que havia hagut de fer per assolir-lo. Va ser horrible. El primer dia vam pujar amb botes dures i carregats amb motxilles fins al refugi, on vam provar de dormir entre els roncs de tractor de desenes de muntanyencs més. Feia un fred que pelava quan vam sortir poc després de la mitjanit, i havíem d'anar parant perquè un del grup es cansava i volia beure o menjar o fer una foto. Hi vam arribar de matinada. La baixada encara va ser pitjor, perquè tenia els peus comprimits a les botes i feia molta calor, i a sobre em feia mal l'esquena. Feia l'efecte que tornàvem de la guerra, però, en definitiva, només havíem fet un cim.

Durant aquells anys havia anat amb la mare i la meva germana a la zona dels Écrins, als Alps del sud de França. Muntàvem un campament base al càmping on érem i des d'allà sortíem a fer activitats, amb bici, corrent o escalant. Vaig descobrir que un dels corredors més potents de l'època havia corregut des d'aquell mateix càmping fins al Dôme de Neige, de 4.000 metres, en un temps rècord de tres hores. Jo només tenia setze anys i poca experiència, i aquesta informació em va estimular per pujar-lo més ràpid.

Va ser en un dels viatges als Écrins que vaig començar a prendre consciència del tipus de muntanya que m'agradava fer. La dificultat no m'atreia, la trobava massa pausada; l'alpinisme clàssic tampoc, massa pesat. Les curses o l'esquí de muntanya m'encanten com a activitat, però hi trobo a faltar l'esperit de descoberta i aventura. En canvi, el moviment continu en terreny tècnic em feia gaudir intensament, com mai ho havia fet. L'alpinista francès Georges Livanos deia que el que és essencial no és escalar ràpid, sinó durant molt de temps, i si bé estic molt d'acord amb la segona part de la frase, si escales ràpid durant molt de temps pots veure molt més. El que m'enamora d'anar ràpid per la muntanya és la sinergia que es crea entre el moviment del cos i les formes de la natura, sentir-me despullat i ínfim, sense cadenes. Això m'aporta una llibertat i una connexió que no les puc trobar anant-hi de cap altra manera. Al mateix temps, crea una línia molt fina entre l'acceptació conscient de certs riscos i l'estupidesa a l'hora de prendre segons quina decisió. I puc dir que algunes vegades he traspassat la línia.

Ara ho explico.

S'estava fent fosc i nevava fort. Una intensa calamarsada i llampecs. Érem a cinquanta metres del cim de l'Aiguille du Midi, tan a prop que gairebé el tocàvem amb els dits, però lluny perquè estàvem bloquejats a la paret de roca, sense poder avançar. L'Emelie feia estona que no se sentia els peus i tenia els braços rígids. Del fred, no podia obrir les mans pels músculs contrets. Sanglotava quan respirava. Com va poder, em va dir que no podia més, que s'ofegava. Que moriria allà. Tot i que jo sabia que això no passaria, que sobreviuríem, entenia que és difícil mantenir el cap clar quan es pateix una crisi d'ansietat i estàs atrapat en una paret enmig d'una tempesta elèctrica, i neva i el dia s'apaga. L'havia cagada, sí. Ben cagada.

Vaig posar-li les mans a la cara, li vaig tapar la boca i el nas per reduir-li l'oxigen que podia respirar. Sentia com l'aire buscava amb dificultat un camí per obrir-se entre els meus dits, i ella havia de forçar els pulmons per trobar-lo. Gradualment, les seves expiracions eren més llargues i regulars, i al final va recuperar el ritme de la respiració. Els peus i les mans, però, els tenia massa adolorits i contracturats per poder continuar endavant. Disposàvem de pocs metres de corda per baixar els gairebé mil metres que havíem escalat.

Quin mal pensament vaig tenir d'enredar l'Emelie en aquesta escalada. Sabia que el mal temps arribaria i va ser just per això que vaig precipitar la pujada, per fer-la abans que fos massa tard, per no haver d'esperar unes quantes setmanes que s'aclarís. És per això que havia pensat que era millor anar-hi de seguida.

Havíem sortit al matí, sense estressar-nos, no calia matinar gaire. Mentre començàvem a pujar vaig mirar la previsió meteorològica per últim cop: semblava que el front que s'acostava des del sud arribaria al final de la tarda, i això ens donava temps per pujar al cim i baixar a la vall de nou.

L'escalada es va presentar en unes condicions esplèndides. La calor i el bon temps de l'última setmana havien deixat una roca seca i d'una adherència excel·lent, i vam avançar dos terços de la ruta a bon ritme i sense tocar neu ni gel. En arribar a l'última part, però, tot va canviar. El sol havia assecat la roca i havia fos la neu que cobria el gel permanent, negre i vell, tan dur com el granit que envoltava, i que demanava més perícia i treball dels grampons per no relliscar cap avall. Des de bon començament, l'Emelie ja havia patit dels peus, molt castigats després d'un estiu amb moltes curses. Tensant la corda al màxim, vam començar a pujar a poc a poc, amb seguretat, fins que vam haver de parar perquè ens feia mal tot i vam continuar uns metres per la roca.

No havíem perdut gaire estona, però com que havíem sortit amb un marge molt just ja vèiem clar que el mal temps se'ns tirava a sobre. Vaig buscar una sortida per la roca per no haver de tornar a trepitjar el gel, i vam continuar lentament fins que la tempesta, a la fi, va esclatar. I amb els llamps i la calamarsa també van saltar el pànic i l'angoixa. Ens vam refugiar una estona per mirar si calmava, però no, tot indicava el contrari. Mentre esperàvem, el fred se'ns va instal·lar als ossos, perquè no portàvem roba per abrigar-nos. Vaig seguir cap amunt amb precaució, però l'Emelie no podia avançar més pel mal que li feien els peus. Vaig valorar les opcions que teníem. Tremolàvem. Estàvem ansiosos. «Collons, com he pogut ser tan estúpid!» Potser podria enfilar aquests cinquanta metres i tibar de la corda per fer pujar l'Emelie, però no havia posat a la motxilla les tres peces que m'haurien calgut per fer un polispast. Podríem buscar un racó sota una pedra i esperar fins l'endemà, però tampoc tenia una funda per fer bivac, i l'Emelie no creia que sobrevisquéssim una nit al ras amb el poc equipament que li havia dit que agafés. I vaig triar una opció. Vaig agafar el telèfon i vaig marcar el número del PGHM, el Peloton de Gendarmerie de Haute Montagne. Mentre ho feia, ja començava a pensar en el que vindria al darrere d'aquella trucada.

Tot i que em pensava que tots els que a Chamonix m'havien criticat sempre per anar tan lleuger ara em linxarien, vaig entendre que aquests comentaris serien constructius, que mostrarien a la gent que em seguia que la muntanya té molts riscos i que la força no eximeix del coneixement i la preparació. En el fons, l'únic que podia sortir ferit de la crítica era el meu *ego*. Vaig haver d'admetre els errors. El primer, no haver sabut calcular el que m'havia d'emportar; amb enginy i sang freda, llavors, pots esquivar situacions molt compromeses, però saps que les passaràs putes igualment. El segon, pensar que l'Emelie compartia amb mi la idea que era més important l'activitat que la seguretat, i no vaig preveure que ella no se sentiria precisament còmoda en una situació com la que vam viure; en això érem diferents.

No he dubtat mai que ella és més intel·ligent que jo, perquè dóna prioritat a la seguretat per sobre de l'objectiu a assolir. L'Emelie és capaç de renunciar molt abans que jo, que no vaig dubtar a travessar la línia vermella del risc sabent que les condicions eren difícils d'assumir. En aquella ascensió, hauria d'haver estat capaç de dir prou, de deixar-ho estar. Tenia més experiència i no hauria d'haver pres decisions com si anés sol. Ens hauríem d'haver retirat abans d'atacar el gel. Ja no era una sortida de plaer, i no calia patir tant.

A Chamonix, hi ha molta vida. I qui tenia encara més vida era el Tancrède, i a mi me la va inspirar durant uns anys. El vaig conèixer a Le Brévent, una paret a 2.000 metres d'altura, on el Tancrède i un grup d'amics artistes havien instal·lat una corda per unir els dos costats d'una bretxa rocosa de més de trenta metres d'ample. Hi havia acròbates, alpinistes, escaladors, músics... una bona colla. Havien plantejat el joc de caminar sobre la corda, d'un extrem a l'altre. Era un exercici de concentració i balanç, d'equilibrar el cos i els braços per compensar els vaivens. Se'n diu *slackline*, d'aquesta activitat. Ara bé, la gràcia és fer-la entre dues parets a gran altura, i no entre dos arbres en un parc. Llavors tens la sensació que el buit és total i, tot i que anàvem lligats amb arnesos per si perdíem l'equilibri, la sensació que teníem de buidor al nostre voltant era absoluta. El desig de no caure ens omplia tant que acabàvem deixant de banda tot el que havíem après sobre l'equilibri i al final quèiem amb facilitat.

Quan estàs escalant o fent esquí extrem, dues activitats en què no està permès l'error, no tens mai aquesta sensació de buit, perquè no perds mai de vista la terra i el cel. A l'*slackline* d'altura, en canvi, tot és cel. Vaig intentar passar mitja dotzena de vegades aquella corda i només vaig aconseguir fer un parell de passos seguits. El Tancrède, llavors, m'explicava amb molta paciència com havia de buidar la ment, com m'havia de col·locar. Sense obrir boca, un dia es va treure l'arnès, el va deixar a terra i va començar a caminar sobre la corda. Va arribar a l'altre costat després de fer trenta metres, va fer mitja volta i va tornar. El silenci era absolut. Res. Els músics havien abandonat els instruments, els escaladors s'havien quedat quiets. Tots l'observàvem callats, mirant-lo gairebé de reüll, amb la sensació que estàvem envaint un àmbit privat, íntim.

Vivia l'esport com un art, com una manera d'assolir la simbiosi entre l'estètica de l'activitat, el que l'envoltava i la natura. No era estrany veure'l disfressat de pallasso escalant, amb un paracaigudes a l'esquena, tocant el violí mentre travessava una corda entre unes agulles a 3.000 metres d'altura entre glaceres, o dansant penjat amb cintes de gimnàstica a les parets de més de 1.000 metres dels fiords noruecs. Havia arribat a portar el seu art a la màxima expressió. Entrenava el cos, cuidava l'alimentació fins a l'últim detall, coneixia per a què servia cada múscul. Es preparava mentalment i estudiava científicament les activitats que imaginava, el pes corporal, la força de l'aire, l'acceleració de la gravetat, la distància de caiguda o el coeficient de planejar depenent de la superfície del cos. Ho tenia tot estudiat i era molt conscient de les seves capacitats. Però entre saber i executar hi ha un món. Era dels millors que he conegut. Tenia por de caure, sí, però sabia travessar les barreres que edifiquem per veure només quina era la real, la definitiva.

Va portar el seu cos a fer coses inimaginables, *jusqu'au bout* ['fins al final'], que diuen en francès. El Tancrède era, sens dubte, un *jusqu'auboutista.*

Hi ha alpinistes que es miren amb menyspreu els altres esports que es practiquen a la muntanya, perquè troben que els que els porten a terme només estan pendents de donar valor al cronòmetre. Presumeixen que l'alpinisme té un fort component romàntic, que no té gaires connotacions esportives. L'esport, entès com una lluita contra el temps, els provoca més aviat al·lèrgia.

Vist d'una altra manera, també es pot pensar que l'alpinisme és una activitat resultadista en extrem, perquè participa d'un codi binari: o cim o no cim, encadenat o no encadenat, sí o no, èxit o fracàs. Com els altres esports, necessita uns paràmetres per establir si s'està apujant el llistó o no. Les pautes de la competició s'apliquen igualment. Hi ha algun alpinista que negui que ha sentit tota la satisfacció i ha somrigut interiorment quan s'ha adonat que ha arribat al capdamunt d'un cim conegut més ràpid que qualsevol altra persona abans? Crec que no.

El cronòmetre és el company que t'explica que ho estàs fent bé, que estàs traient de tu mateix el millor que pots obtenir. Tot i que el temps no és l'objectiu final, el petit aparell et diu a cau d'orella si estàs millorant o empitjorant, si estàs fort o fluixeges, si ets eficient per resoldre una dificultat. No enganya.

Em crida l'atenció que en tres esports tan diferents com l'atletisme, l'alpinisme i l'escalada hi hagi una frontera comuna, una mesura compartida, en tres dels itineraris més representatius d'aquestes disciplines: el llindar de les dues hores. La xifra, sí, és anecdòtica i arbitrària, però la tenen ben impresa al cervell els atletes, els alpinistes i els escaladors.

La prova reina de l'atletisme és la marató. Des de fa uns quants anys, els millors atletes intenten superar-se per recórrer els 42 quilòmetres i 195 metres per sota de les dues hores. Ja fa temps que els esforços per assolir aquesta xifra màgica s'han intensificat, i s'analitzen fins al detall tots els factors que poden ajudar a assolir-la: es busquen joves amb capacitats fisiològiques fora del que és comú, se'ls personalitzen programes d'entrenament durant anys optimitzats per a la distància, s'estudia quina és la millor alimentació i hidratació abans i durant la cursa, es dissenyen vambes especials que ajudin a perdre el mínim d'energia, es valora la biomecànica i l'eficiència del pas i fins i tot es tenen en compte la temperatura i la humitat idònies per córrer.

En l'àmbit de l'alpinisme, la pedra de toc és la cara nord de l'Eiger, als Alps. Els 1.500 metres de desnivell amb tres quilòmetres de recorregut i grans dificultats, els van escalar els alemanys Anderl Heckmair, Heinrich Harrer, Fritz Kasparek i Ludwig Vörg en tres dies. Era el 1938. Des de llavors, ha estat el gran repte per a tots els alpinistes. Els que formen part de l'elit són capaços d'obrir noves vies de dificultat per posar a prova les seves capacitats, tant en cordada com en solitari. Tot i que el risc dels ascensos és considerable, perquè qualsevol error pot suposar una caiguda que porta a la mort sense remei, han utilitzat aquesta paret per explorar nous entrenaments, materials i estratègies. Ha servit per explorar nous límits, no tan sols tècnics i físics, sinó també d'acceptació del compromís.

Amb el pas dels anys es va anar reduint el temps: Michel Darbellay va ser el primer que va trigar divuit hores en solitari, Reinhold Messner i Peter Habeler van arribar a les deu, i Ueli Bhürer, Francek Knez i Thomas Bubendorfer van rebaixar la marca per sota de les cinc. Els últims anys, Christoph Hainz, Dani Arnold i Ueli Steck han fet l'escalada en menys de dues hores i mitja. L'horitzó de les dues hores cada vegada és més a prop. A mesura que hom s'hi apropa, però, els riscos que s'assumeixen són també cada cop més grans.

La *trilogia* de les dues hores la tanca l'escalada per excel·lència, la del Yosemite a Califòrnia, per la via més mítica, The Nose, de 880 metres verticals. La van obrir el 1958 els americans Warren Harding, Wayne Merry i George Whitmore. En, atenció!, quaranta-set dies. Des d'aquell moment, fer-la en un sol dia va ser un somni que semblava inabastable, i encara ho és per a la majoria dels escaladors. No va ser fins al 1975 que tres dels escaladors més innovadors de la història —Jim Bridwell, John Long i Billy Westbay— ho van aconseguir. Des de llavors, els que han anat al darrere han perfeccionat les tècniques i han optimitzat el material per rebaixar cada vegada més el temps. Tot i que aquí el risc quan es va més ràpid és menor que a l'Eiger i la capacitat física és menys determinant que a la marató, la rapidesa i la resistència, juntament amb l'optimització logística i la capacitat de visualitzar tots els moviments dels gairebé mil metres d'escalada, són la clau per aconseguir l'objectiu. Els últims anys, les cordades s'havien aproximat a les mítiques dues hores, fins que, al final, Alex Honnold i Tommy Caldwell ho han aconseguit després de mesos d'entrenament específic pujant la via desenes de vegades.

No es poden comparar de cap de les maneres aquests tres exemples. Hi ha més de mig milió de persones que corren una marató cada any, i se'n disputen aproximadament mil; unes dues-centes escalen The Nose, i no arriben al centenar les que pugen la cara nord de l'Eiger. Tampoc és comparable pel que fa al risc.

Sí que tenen en comú una cosa molt important, i és que en cada una de les disciplines els esportistes tenen la motivació de la conquesta d'un fet arbitrari, el temps, i han hagut de buscar les capacitats internes i externes que els han calgut per derrotar-lo. Amb aquest objectiu a l'horitzó, s'han preparat fins al límit per demostrar què és capaç de fer un ésser humà amb talent, a còpia de feina i disciplina. I cercant això ens han fet un regal: ens han facilitat les eines, a cadascun de nosaltres, per trobar la motivació en cada un dels nostres petits projectes diaris.

El concepte de rècord és molt relatiu a la muntanya, perquè quan es puja dos cops la mateixa és impossible comparar dos temps. En atletisme, per exemple, un rècord s'ha d'establir en una pista o en un circuit que garanteixi unes condicions —el vent, el terreny...— i amb uns paràmetres que no facin dubtar de la igualtat d'oportunitats —control antidopatge, assistència i avituallament idèntics per a tots els participants...—. Això, a la muntanya és impossible, perquè les condicions canvien cada dia i cadascú hi va de maneres molt diverses. És per això que no es pot parlar de rècords en aquest àmbit, però sí del millor temps conegut, *Fastest Known Time* (FKT) en anglès. Sigui com sigui, crec que la comparació ha de ser individual, ja que això ens permet conèixer-nos i saber a quina velocitat som capaços d'avançar en un terreny tenint en compte la dificultat, la distància i les condicions, perquè no es pot comparar el temps d'un corredor que coneix perfectament una ruta amb el d'un altre que l'encara per primer cop, el d'un que s'hi posa sense cap assistència amb el d'un altre que té un equip al darrere.

Un periodista d'un mitjà de comunicació destaca i valora el temps aconseguit, però en el fons per a un atleta no hauria de ser tan important com la seva valoració interna. I això té a veure amb el balanç que fa ell mateix dels resultats dels entrenaments o la preparació que ha seguit i en quines condicions ha aconseguit la crono concreta.

Hi ha quatre factors bàsics que fan millorar el temps en un recorregut. El primer és el rendiment d'un mateix, en què intervenen la capacitat física, la tècnica, l'economia de la cursa, l'experiència i l'estratègia o l'estat psicològic. El segon és l'optimització del recorregut, és a dir, si en coneixem les dificultats, si en sabem tots els moviments i on podem retallar. El tercer són les condicions, perquè no és el mateix practicar a l'hivern amb mal temps que un dia assolellat a l'estiu. El quart és l'ètica que volem aplicar, que inclou el fet d'anar amb assistència o sense, sol o acompanyat, quin material utilitzem o, fins i tot, si hi ha dopatge, mecànic o fisiològic.

Per exemplificar això podem explicar el cas de l'Ueli Steck a l'Eiger. Coneixia la ruta a la perfecció i amb una preparació minuciosa era capaç de pujar en 2 hores i 22 minuts amb la traça marcada i agafant-se a les dues cordes fixes que hi ha en un parell de travesses. També va pujar-hi més lentament, en 2 hores i 47 minuts, però sense cap traça a la muntanya i escalant en lliure tots els passatges, sense tocar, doncs, les cordes que hi havia. Quin d'aquests *rècords* és millor? Sens dubte, el recorregut que es fa més ràpid és el més vistós, però l'altre probablement és més difícil d'assolir, perquè implica més treball físic i compromís. Sigui com sigui, tots dos temps són igual d'interessants, perquè ens permeten saber el que som capaços de fer en unes condicions diferents, sense perdre mai de vista que el temps no és l'únic que brilla, sinó que és només una peça que resulta d'una equació en què els factors són determinants per obtenir el resultat.

Baixava per la carretera de la vall del Rauma i feia més de trenta hores que conduïa sense parar des que havia sortit de Chamonix. Portava la furgo carregada amb tot el que teníem l'Emelie i jo. Volia arribar tar ràpid com pogués al lloc on havíem decidit anar a viure, i els ulls ja feia hores que em pesaven. Era de matinada quan travessava l'ample congost amb parets de més de mil metres a banda i banda de la carretera, i la llum de dia encara no era prou forta per dibuixar les textures, però s'endevinaven els esperons infinits de roca negra i les cascades d'aigua gelada caient a desplom fins a la vall. Era com entrar en una terra que no pertany als homes. Les parets verticals de roca negra i humida eren tan a prop les unes de les altres que no es deixaven veure en la distància. Finalment, mentre continuava el descens, en plena batalla per no adormir-me, la vaig veure, il·luminada per la penombra: una fina línia de neu que, com una gota d'aigua, baixava verticalment pel centre de la paret. Em va cridar i, tot i que en aquell moment la seva veu em va provocar un calfred, vaig saber que un dia no podria resistir-me al seu cant.

Tres anys més tard, em seguia enamorant la seva melodia quan la mirava de reüll, i fins i tot de vegades em despertava somiant en la seva veu. L'havia estat estudiant durant tot aquell temps des de la distància dels cims que la rodejaven o tocant-li els peus. Fins que va arribar l'hora d'entonar amb ella la cançó.

Durant els mesos que vaig estar observant la línia que em va enlluernar des que vaig passar pel congost que forma el riu Rauma, a la vall noruega de Romsdal, la vaig estudiar des de diferents angles —des del peu de la paret, des del seu cim o des dels altres que l'envoltaven—, imaginant quina part podria esquiar i els ressalts de roca o gel que hauria de contornar. Després, durant dos anys, vaig estudiar les condicions de la neu i observava de tant en tant com s'adheria a la paret: quan quedava enganxada, quan era massa gelada, quan semblava bona a la part alta i a la baixa. En acabar alguns entrenaments, em desviava de camí a casa per enfilar-me a un punt des d'on pogués veure bé la paret, i l'observava amb prismàtics o la fotografiava amb el teleobjectiu per poder-la estudiar després. Vaig imaginar quin tipus d'esquí hi podria practicar, quin material necessitaria i quines dificultats m'hi trobaria. Aquest període d'estudi és gairebé tan excitant com l'activitat en si, perquè mentre la vaig planificant tanco els ulls i m'imagino dins el cap tots els detalls, gairebé puc sentir el fred a la cara o el mal a les mans, el neguit o el calfred quan em veig fent un viratge amb els esquís suspesos al buit. I vaig preveient, també, tot el que pot anar malament: si es trenca una allau, si hi ha gel sota la neu i rellisco, si no encadeno un revolt. Moltes vegades ajorno activitats perquè les somatitzo, perquè no sé si puc acceptar el risc o la pressió, o si el dia que hi vaig sento un malestar estrany que m'omple tot el cos. Quan finalment m'hi poso, sé que he estudiat tots els riscos.

El tercer hivern d'estada a Noruega sembla que tot em ve de cara. L'hivern es presenta esplendorós, amb nevades sense grans quantitats de precipitació seguides de llargs períodes de sol que permeten que la neu s'enganxi bé a la paret, sense un volum suficient per provocar grans allaus en el pendent. El gran problema que presenta la línia situada a la dreta del Trollveggen, que recorre bàsicament la primera via d'escalada de la paret nord del Trolltind, anomenada Fiva, és que en els seus mil sis-cents metres de desnivell, que acaben gairebé a nivell del mar, les condicions són molt diverses. En els últims sis-cents metres la neu està afectada pels canvis de temperatura i humitat, i en la part superior l'ambient és més alpí.

Durant les últimes setmanes vaig anar al peu de la paret un parell de vegades i vaig pujar els primers dos-cents metres per fer-me'n una idea real des de dintre. Tot i que la neu era un pèl massa dura, les condicions eren quasi perfectes, perquè la línia estava recoberta de neu del tot i no semblava que la part alta n'acumulés una quantitat perillosa.

Llavors va arribar el pitjor moment abans que un projecte fructifiqui: l'espera i la decisió del dia escollit. Avui, demà, la setmana que ve? Si esperés sempre les condicions perfectes, no em mouria del sofà de casa. En esquí de pendent és millor una neu dura, que no permet l'error però és més estable que la neu pols, on es pot ser menys precís però es pot provocar una allau en qualsevol moment. En aquesta modalitat d'esquí, mana la recerca del compromís entre el moviment mentre es llisca i la fixació a la paret.

I el dia arriba. El primer viratge sempre és el més difícil, no perquè sigui el més exposat, sinó perquè costa de passar a la incògnita que implica el moviment. Pum-pum, el cor al pit, un buit sobre l'estómac, suen els peus, suen les mans. Clavo un bastó a sota els esquís i em transmet el tacte de la neu. Observo la blancor i avanço el punt on aturaré el viratge, intento endevinar amb la vista què amaga la neu a sota. Faig lliscar els esquís endavant i endarrere ràpidament sense moure'm per assegurar-me que no s'ha enganxat neu a sota i deixo avançar uns centímetres el cos posant el pes a les espàtules i m'impulso. Molt. Agafo tot l'aire que puc i començo a treure'l, però el tallo en sec. El cor s'atura, la respiració s'atura, i em quedo suspès amunt, immòbil, etern. De cop, sento que els esquís recuperen el contacte amb la neu, ara llisquen suaument, agafen velocitat encarats al pendent de seixanta graus. Faig força amb les cames i sento que els esquís es deformen abraçant la neu, amb tendresa en un primer moment, i de manera progressiva cada cop més fort fins que l'esgarrapen, l'estripen, i a poc a poc deixen el pendent més directe per posar-se en perpendicular, i amb un curt però precís moviment de força es queden aturats a un parell de metres per sota d'on he iniciat el viratge. A la sang hi corre una barreja d'excitació i temor, una mescla de plaer i de contenció que es mantindrà viratge rere viratge, seguint cara avall les petjades que he deixat marcades pujant poc abans. Esquivo trams de gel i de roca entre la neu, que durant dues hores m'exigiran que tregui el millor de mi mateix. Poso en pràctica totes les tècniques i tots els recursos de què disposo, i a cada metre que guanyo la contenció va deixant pas al plaer, el temor a la satisfacció. Finalment, quan arribo a baix, em giro. Observo les marques que han deixat els esquís a la paret. I sento que tot puja, des dels peus fins a l'estómac. I al pit. I al cap. Un autèntic orgasme d'adrenalina.

No crec que hi hagi una manera que sigui millor que una altra per assolir un repte. La més pura, diguem-ne, és gairebé impossible de trobar per les limitacions que tenim com a espècie en el medi natural. Michael Reardon, un dels escaladors en solitari més prolífics que hi ha hagut mai, deia que si es tira amunt sense conèixer la via, descalç, sense magnesi i sense corda, es pot considerar que s'està fent una escalada; tota la resta és un compromís. I tots, tots, vivim amb aquest compromís. L'ètica són unes normes que ens posem a nosaltres mateixos i que tenen valor en les accions que duem a terme, però val la de cadascú individualment, sense imposar-la als altres. Si bé el compromís en les curses és igual per a tothom, i tot i així ha d'haver-hi jutges, àrbitres i controls per verificar que es compleix, en les activitats a la muntanya la decisió ha de ser interna i personal.

Només hi ha un ascens ràpid de què pugui dir que em sento absolutament orgullós, perquè hi vaig aconseguir l'optimització total. És el del Cerví. És potser perquè tenia un pòster enorme d'aquesta muntanya regnant en una paret de la meva habitació quan era petit, o perquè el temps en què l'havia pujada Bruno Brunod el considerava un somni, el trobava inaccessible. L'ascens té una estètica meravellosa, i vaig tenir prou motivació i paciència per preparar-lo.

L'1 d'agost del 2013 vaig agafar la furgo per anar a Cervinia, a la vall d'Aosta, i em vaig instal·lar al terraplè que hi ha al peu del Cervi sense cap data marcada per atacar-lo, sense el neguit d'haver-ho de fer aviat per passar després a altres projectes. Durant dues setmanes vaig estar pujant gairebé cada dia al cim, tant se val quines fossin les condicions, per conèixer bé la muntanya, per saber com influïa l'escalfor del sol a la pedra cada hora, per interioritzar cada moviment que havia de fer per seguir la ruta. En definitiva, per conèixer-la fins que la fes casa meva i me'n sentís part.

Cada matí em llevava i, mentre esmorzava, des de la finestra de la furgo observava la muntanya i valorava com les condicions de la neu i la roca evolucionaven, i alhora percebia com el meu cos s'anava posant a punt. Fins i tot el dia abans de la cursa de Sierre-Zinal, que es disputava a l'altre costat, vaig fer una pujada fins al cim. En aquell moment, cap resultat de cap competició ni cap projecte futur tenia interès per a mi, només tenia al cap el desig de preparar-me al màxim i esperar que tot estigués en les condicions ideals.

El 21 d'agost vaig sentir que les condicions de la muntanya i les meves s'havien alineat. Feia dies que no havia plogut ni nevat, i la roca estava seca, feia calor i jo sabia que després de nou ascensions en les dues setmanes precedents em coneixia la ruta a la perfecció i estava preparat, tant des del punt de vista físic com mental. Vaig esperar a la tarda, per evitar que hi hagués gent a la muntanya, que el sol hagués fos el gel que es formava durant la nit i que la pedra fos més adherent. Quan les campanes van tocar les tres, vaig abandonar l'ombra del campanar i vaig executar tal com havia planificat cada moviment per pujar i baixar la muntanya en 2 hores i 52 minuts.

Per desgràcia, no puc parlar igual dels altres cims que he fet amb la mateixa intenció de pujar-hi ràpid. No m'he preparat mai tant ni hi he posat tanta dedicació. He intentat fer-ho sempre tan bé com he pogut, buscant les millors condicions, però mai he tingut la paciència d'esperar més dies del compte perquè fossin les ideals, no he treballat mai tant per reconèixer la ruta fins a fer-la meva o no he estat pendent que la meva forma física i mental fossin al cent per cent. Això no vol dir que no me'n senti orgullós, per descomptat. Si al Cerví vaig aprendre a utilitzar les eines necessàries per assolir-lo tan ràpid com m'ho permetien les meves capacitats, en els altres ascensos no volia perdre tant de temps preparant-los o buscar tant el detall. Vaig aprendre a anar de pressa i amb mal temps, com al Denali, sense assistència i lluitant contra mi mateix un dia que no em trobava bé, per explorar fins on em podia funcionar el cos quan es rebel·la. En totes les ocasions he après a conèixer-me millor i a saber com puc anar de ràpid en condicions i amb preparacions diferents.

Sóc massa impacient, jo. No sé si això és una virtut. Admiro la posició dels que treballen minuciosament, però jo no em sacrificaria mai per aconseguir un rècord espectacular o una victòria antològica si m'hagués d'estar un any sencer sense fer res més. La meva *quinzena perfecta*, per exemple, és la del juliol del 2015. Vaig començar amb un primer descens d'esquí extrem al Mont Maudit; vaig continuar dos dies en una activitat *non-stop* a les Grandes Jorasses; l'endemà, una cursa d'un quilòmetre vertical a Chamonix, i vaig aprofitar la nit per fer una sessió fotogràfica per a un espònsor, i, quan es va fer de dia, vaig anar amb el Karl Egloff per ajudar-lo a intentar batre el temps de pujada al Mont Blanc, que tenia jo mateix amb el Mathéo Jacquemoud des de feia dos anys. La idea era portar-lo a bon ritme pels camins i les dreceres que conec per un o dos quilòmetres de desnivell abans que ell comencés a escapar-se, però com que des de l'inici em vaig trobar molt bé vam arribar junts fins al cim. Tot i que les condicions de neu no eren les millors i que el Karl no es va trobar gaire bé, vam pujar i baixar en poc més de cinc hores i mitja. Aquell mateix vespre, vam marxar amb l'Emelie als Estats Units, primer per córrer la cursa del Mount Marathon a Alaska i, cinc dies després, la Hardrock 100 a Colorado.

No canviaria mai res de tot això per haver hagut de preparar qualsevol d'aquestes activitats per fer-les més ràpid, amb la contrapartida d'haver de renunciar a les altres, perquè sóc dels que pensen que de vida només en tenim una i que s'ha d'aprofitar cada segon. M'imagino que aquesta impaciència que tinc m'ha portat a transitar un camí d'aprenentatge autodidacte, perquè, normalment, quan volia sortir a fer alguna activitat no volia esperar que algun dels meus companys estigués lliure, i tampoc volia posar-me a engreixar la llista de coneguts. La solució era anar-hi sol i aprendre seguint el ritme dels errors i els encerts. És així que vaig escalar les meves primeres vies al gel o a la roca, i que vaig fer la major part dels ascensos. És un camí més lent que si el fas amb companys o amb mentors, perquè en segons quins reptes has de tenir una idea clara de quins són els riscos i no has de dubtar de les teves capacitats. Quan vas per lliure, integres i consolides amb més solidesa els coneixements adquirits i aprens a utilitzar la imaginació per escapar-te de les dificultats. Però també he de reconèixer que arriba un moment en què, tot sol, no pots progressar més.

L'Everest a l'estiu

Quan vaig arribar a Rongbuk, vaig saltar del seient del cotxe i vaig observar l'escampada de tendes del campament base de l'Everest. Fins aleshores, sempre havia anat a l'Himàlaia fora de les temporades més freqüentades, i sempre m'havia acompanyat la soledat. Per això vaig fer uns ulls com unes taronges palplantat damunt el seient, davant la petita ciutat de tendes, de totes les mides i colors, que era aquell campament. Se sentien veus que parlaven en molts idiomes, s'ensumaven plats cuinats amb espècies africanes i d'altres amb oli d'oliva. Vaig baixar del vehicle que em portava des del Cho Oyu, que era a la vora, on havia estat amb l'Emelie, i vaig deambular per allà fins que vaig trobar la tenda on hi havia el Sébastien Montaz. Els ulls encara no se m'havien acostumat al paisatge, a mig camí entre una muntanya i una ciutat. Encara els tenia impresos amb el record del que hi havia vist feia vuit mesos, quan hi havia estat per primer cop.

Érem a mitjan agost del 2016. Havíem arribat a Rongbuk després de dues setmanes en què l'agència que havíem llogat a Lhasa, la capital budista, per preparar la logística a la muntanya —una tenda cuina-menjador, aliments per passar un mes, un cuiner i els viatges del Nepal al Tibet—, ens va emprenyar més del que esperàvem. Cada dia ens venien amb un problema nou i no vèiem el moment de marxar. Vam acabar tan farts, que un dia vam perdre la paciència i vam anar a la vall del Langtang, que era a prop, per desfogar-nos una mica i sortir de l'aire contaminat de la ciutat. Al cap d'una setmana —«Ja era hora!»—, ja podríem sortir cap al Tibet buscant l'aire amb poc oxigen que anhelàvem.

El viatge fins a Rongbuk és meravellós, amb les magnífiques construccions dels temples budistes de ciutats com Xigatse, de colors daurats i blancs immaculats que contrasten amb l'aridesa del paisatge que les envolta, i amb els interminables quilòmetres de sabana de l'altiplà tibetà, a uns cinc mil metres d'altura, on la monotonia de les suaus ondulacions del terreny només la interrompen els grans llacs i els rius que el travessen. Unes banderes cridaneres de colors avisen quan s'acosta una població.

La carretera que travessa aquesta regió està perfectament asfaltada, i al cap de poques hores deixa enrere l'esplanada i les ondulacions del paisatge s'accentuen, fins que, en arribar dalt d'un turó, apareix règia la carena de l'Himàlaia. Una muralla infranquejable, sense intermediaris, els gegants blancs sobre l'esplanada marró i groga. Directament des de la plana fins als vuit mil metres. A l'esquerra, el Makalu i el Chomo Lonzo; a la dreta, el Cho Oyu i el Gyachung Kang, i al centre, deixant esquifits els veïns, l'Everest. Entre la paret rocosa Kangshung del Lhotse i la paret nord nevada del Nuptse es dibuixa al cel un triangle de proporcions perfectes, que es pinta de blanc amb les nevades de l'estiu i amb dues línies paral·leles que baixen directament des del cim fins a la vall, els corredors Norton i Hornbein.

Estàvem impacients per fondre'ns en aquell oceà blanc, però vam haver d'aturar-nos encara uns quants dies més a Tingri, un dels últims pobles abans d'entrar a les valls. Havíem d'esperar sempre un demà, però no sabíem mai què estàvem esperant. Quan, per fi, vam aconseguir arribar al camp base, vint dies després de sortir de casa, el neguit per començar a moure'm i a pujar amunt em rosegava per dins. Era el 20 d'agost, el mateix dia que el 1980 Reinhold Messner va ascendir en solitari i sense oxigen, i en ple monsó, per aquell mateix vessant.

Havíem arribat dues setmanes més tard del que teníem previst, amb la sensació d'haver estat perdent el temps, i de seguida vam enfilar-nos pertot arreu per accelerar l'aclimatació. Només arribar, ja vaig pujar fins a un cim de sis mil sis-cents metres corrent des del campament base, i l'endemà, aprofitant la calor estival, fins als set mil del coll nord amb vambes. El sol havia estovat la neu i vaig poder baixar fent lliscar la sola de les sabates, com si fossin esquís. Jo volia sortir a córrer o a escalar cada dia, per posar a prova el meu estat de forma, però el Jordi Tosas no parava de repetir-me:

—Vigila! Passa sovint que al principi de les expedicions hi ha nervis, es vol fer més del compte i pujar ràpidament, però tot es decidirà en dos dies, al final, i és aleshores que has de tenir les bateries carregades. Has de ser com un franctirador i no estressar-te abans d'hora.

Quan es prepara una expedició, és important haver acumulat el màxim d'informació abans de plantejar un atac al cim. Però no cal exagerar. Si dediques massa temps durant el dia a mirar la meteorologia i a esperar les condicions perfectes, acabaràs pensant que et passen pel davant les oportunitats i que, de tant en tant, potser caldria assumir un risc i tirar amunt. Costa de trobar, la perfecció, també la de les condicions. Al final t'adones que has d'aprendre a sortir sense tenir-les tant en compte i a anar trampejant amb el que et trobes.

Feia una setmana que estàvem instal·lats a la muntanya i totes les previsions coincidien que només quedaven tres o quatre dies de bon temps abans que el monsó s'instal·lés de nou al vessant nord de l'Everest, i si no aprofitàvem aquesta finestra hauríem d'esperar que passessin les nevades i estar de braços plegats set dies més abans que el bon temps deixés la muntanya en bones condicions. Si no, seria un suïcidi intentar-ho. S'hi afegia el fet que, a l'Himàlaia, les previsions meteorològiques a l'estiu te les creus si vols, perquè els algoritmes no són gaire precisos per determinar les quantitats de neu que cau. Al final, t'acabes refiant de la teva observació del cel cada dia.

Vam parar compte que gairebé cada matí ens llevàvem amb un blau al cel que el sol banyava, i que cap al migdia els núvols començaven la processó des del sud i s'anaven acumulant fins que edificaven castells amb enormes torres grises sobre les planes del Nepal. Aquestes fortaleses tiraven cap al nord fins a esclatar en tempestes quan xocaven contra els cims més alts. De vegades, la seva ira es concentrava en la cara sud, i des del campament ens ho passàvem d'allò més bé aplaudint el foc d'artificis que ens organitzaven a l'altre vessant de l'Everest. Unes vegades ens venien a saludar i ens obligaven a esperar que passessin de llarg dins les tendes, escoltant el tic-tic de la neu que ens queia sobre les parets. Era estrany que ens llevéssim al matí, però, i que veiéssim més de deu o quinze centímetres de neu nova, que es fonia ràpidament amb la visita del sol durant el matí.

La previsió que teníem ara era la d'una muntanya que s'havia cansat de la rutina, i el vals que els núvols ballaven i que no s'atrevia a entrar per les portes del nord s'estava preparant per irrompre amb tota la força al cap de pocs dies per instal·lar-se en aquest vessant de la muntanya. Si l'Everest ens havia de concedir un ball, havia de ser abans que comencés aquest festival.

Teníem el camp base muntat en una morrena de pedra a mig camí entre Rongbuk i la glacera de l'Everest. Havíem tingut la intenció de plantar les tendes al peu de la muntanya, però els iacs que ens havien carregat el material van decidir deixar-nos plantats a mig camí. Vam establir les quatre tendes sobre un pendent de pedres, intentant amb poca gràcia d'apilar-les per formar plataformes més o menys planes. L'indret feia feredat de tan espectacular que era, perquè érem al mig d'una morrena quilomètrica, amb cims al davant de sis i set mil metres i amb un petit circ amb uns altres de set mil a l'esquena, que podíem pujar amb esquís si una tarda ens avorríem. Si el tedi s'allargava, sempre podíem fer un truc i quedar amb el Changtse, un amic de set mil cinc-cents metres, i pujar a saludar-lo pel seu vessant nord, convençuts que ens oferiria una vista impecable sobre l'Everest.

L'únic inconvenient del nostre mirador privilegiat era que ens deixava massa lluny del cim del món, i cada matí havíem de recórrer una desena de quilòmetres abans d'arribar a la glacera i començar a pujar, i quan tornàvem cansats havíem de desfer el camí en sentit contrari. Bé, però com a mínim ja érem a la muntanya i cada dia podíem fer alguna cosa.

Ja teníem assumit que tindríem una finestra de bon temps de pocs dies, i va ser per això que vam decidir acabar d'aclimatar-nos una mica més i intentar l'assalt del cim. Els dies previs havien sigut intensos i semblava que el cos em demanava un descans, però jo no en sé gaire, de reposar, i amb el Seb vam quedar de fer una última pujada ben amunt per acabar d'arrodonir l'última aclimatació abans de l'intent definitiu.

Després de sopar vam quedar que ens llevaríem a les cinc del matí per començar a pujar, i cadascú de nosaltres va anar a la tenda a descansar. Vaig preparar la motxilla i em vaig adormir com un soc tan bon punt vaig entrar al sac.

Em vaig despertar quan el sol em va acariciar la pell a través de les parets translúcides de la tenda. És una de les sensacions més agradables, quan al matí encara fa fred a fora i els primers rajos et toquen, queden atrapats per les parets de la tenda i la converteixen en una sauna improvisada, després del fred esquerp de la nit. De sobte, però, em vaig adonar que a les cinc el sol encara no hauria d'haver sortit i em vaig sobresaltar. Tot el benestar va sortir corrent: vaig trobar el rellotge entre la roba que em feia de coixí i, hòstia!, eren les sis i deu. Vaig sortir del sac i d'un salt em vaig vestir de pressa i corrents. No vaig ni esmorzar, vaig agafar la motxilla i vaig començar a córrer, literalment, morrena amunt. No sé si va ser per l'espant o per l'adrenalina, però sigui com sigui el cansament acumulat va desaparèixer i vaig accelerar al màxim.

Al cap de mitja hora ja havia recorregut la meitat del camí fins al peu de la muntanya, en la meitat del temps que havia trigat fins llavors. Quan el sol va començar a picar amb força, vaig començar a escampar-me crema protectora sobre la cara, i, sense aturar-me, vaig buscar les ulleres de sol. Em vaig posar nerviós perquè no les duia ni sobre el cap ni a les butxaques, ni tampoc a la motxilla, que, enrabiat com una mala cosa, vaig buidar de cap per avall. Res. Ni rastre de les ulleres. «Puta merda!» Sense pensar-hi gaire, vaig deixar la motxilla a terra i vaig córrer morrena avall, fins a la tenda. En obrir la cremallera —«Mira-les!»—, eren allà mateix. Les set en punt! Quan estava a punt de tornar a sortir disparat, el Sitaram, el cuiner nepalès que ens acompanyava, va treure el cap de la seva tenda:

—Esmorzar, Kilian!

—Hòstia, no tinc temps, Sitaram, tiro amunt. A la tarda ens veiem.

—No corris, en aquesta altura no és bo!

No vaig tenir ni tan sols temps d'acabar de sentir l'últim que em deia que ja tornava a repetir el camí que havia fet abans. Amb tot incorporat, vaig continuar.

Unes tres hores més tard, vaig veure el Seb uns centenars de metres davant meu pujant per la paret del Changtse cap al coll nord.

—Collons, una altra vegada em podries despertar! —li vaig cridar mig de broma mig seriosament quan era a una distància en què em podia sentir. Les sensacions eren immillorables, però ja era tard i la neu s'escalfava molt de pressa.

—Ah, és que em pensava que volies dormir una mica més, i ja sabia que de totes maneres m'atraparies —es va justificar—. Què en penses, de tot plegat?

—Crec que anem massa tard. Tres avisos potser són suficients per saber que avui no és el dia. Les sensacions són bones, però hem de cuidar la flor del cul, que segur que més endavant ens farà falta! Si ara baixem, podrem reposar i demà o demà passat ho intentem de nou.

L'endemà vaig sortir tot sol cap amunt. Potser una mica avergonyit de l'error del dia anterior i enfadat per no haver-me pogut aclimatar per sobre dels set mil metres, vaig sortir determinat a superar aquesta altura. Els companys es van quedar al campament per reservar forces. Tota la muntanya era meva, i somreia amb un cert egoisme possessiu. En arribar a la glacera, vaig decidir no anar cap al coll nord per por de les esquerdes, i vaig escollir una línia a la part dreta de la cara nord-est. Entre uns esperons de roca i els seracs que culminen el coll nord, hi havia un corredor que semblava que tingués prou pendent per haver purgat la neu acumulada i no feia l'efecte que hi hagués una inclinació que m'hagués d'alentir el pas. Vaig decidir travessar-lo. Les condicions eren perfectes i la neu em suportava el pes amb facilitat; al cap de poques hores, vaig deixar els pendents de seixanta graus per sortir a l'aresta nord, a una altura de set mil cinc-cents metres. La neu no s'hi fonia, i em vaig trobat colgat fins a la cintura.

Cada pas em demanava un gran esforç i una coreografia precisa: començava fent un moviment de papallona amb els braços per treure una primera capa de neu, tot seguit aixecava un peu fins a sobre el genoll i el deixava caure uns trenta centímetres cap endavant, i mentre veia com s'anava enfonsant picava suaument amb el peu la neu que hi havia a sota per compactar-la abans de descarregar-hi tot el pes. Enfonsat de nou fins a la cintura, reprenia el ball amb l'altra cama. I així trenta vegades consecutives.

Vaig trigar una hora a pujar cent metres! I després de tres hores que em vaig passar obrint-me pas per crear una trinxera em vaig aturar esgotat, més per la lentitud del procés que per l'esforç. Vaig aixafar la neu i vaig seure sobre la motxilla. Els ulls no donaven l'abast per acumular tanta bellesa, allà assegut amb l'Everest a l'esquena i l'altiplà tibetà al davant. El Changtse s'anava empetitint a la vista i les muntanyes que em rodejaven competien per seduirme amb la seva majestuositat. Sota els peus, nombroses glaceres dibuixaven les valls, que s'allunyaven com tentacles dels cims nevats i es perdien entre turons de color marró. A aquesta altura podia observar a l'esquerra, amb netedat, com sortia la llengua de neu per on Reinhold Messner va travessar per anar a buscar el corredor Norton i assolir el cim en solitari i sense oxigen suplementari el 1980.

«Ai, que bé que s'hi està, aquí dalt, amb tota la muntanya per a mi tot sol!» El silenci era tan perfecte que fins i tot la meva respiració semblava que insultés la quietud. Vaig aturar els pulmons mig minut, i vaig sentir que era un tot amb el que m'envoltava, que m'hi havia fos, petit i insignificant com un cristall de neu qualsevol, un que havia tingut la sort de caure del cel en aquella muntanya. Una línia entre la neu, que feia ziga-zagues fins que desapareixia quan la glacera girava rere les muntanyes, em volia recordar que jo només hi estava de pas, que aviat hauria de tornar a incorporar-me al món dels humans. Però volia que aquell instant fos etern, alliberat de tots els maldecaps, amb l'única ocupació de respirar, sense cap pensament a causa de l'embriaguesa de l'altura. «S'hi està tan bé, aquí dalt!»

Les partícules de neu eren afortunades, es podien quedar en aquell paradís blanc, suspès en el temps, però les imperfeccions humanes —la gana, el fred, la son— em van obligar a baixar. Al campament, m'hi esperaven quatre persones.

Al cap de quaranta hores, l'últim dia d'agost, ja tornava a ser allà, però ara el silenci s'havia dissolt i imperava un soroll tan intens que no el podria descriure. El del crit que t'imagines en el quadre d'Edvard Munch. A gairebé vuit mil metres d'altura, enmig de la paret nord-est de l'Everest, no tenia clar del tot que poguéssim sortir-ne vius. Uns minuts abans, tot era eufòria.

Aquella matinada, el Seb, el Jordi i jo havíem abandonat el campament conscients que devia ser un dels últims dies de bon temps abans d'una setmana de tempestes. Vam avançar en silenci per la morrena, cadascú capficat en els seus pensaments. Només el soroll de les vambes fent cruixir la terra gelada trencava la quietud monòtona de la nit. Quan el sol es treia les lleganyes a l'est, vam arribar a la glacera, on una multitud de plataformes de pedra i algunes deixalles d'altres expedicions indicaven que era allà on s'establia una petita ciutat cada primavera.

Ens hi vam aturar, en aquest campament fantasma. Ens vam posar les botes gramponades i vam menjar una mica mentre admiràvem el sol, que passava capes de vermell per la paret per on preteníem pujar. Quan l'astre es va fixar en nosaltres, va ser com si fes reviure una flor sortint de la matinada, i ens vam començar a treure les caputxes i a moure el cap amb llibertat per observar millor el que ens envoltava, i les converses van florir per debatre sobre quin devia ser el millor lloc per on atacar els dos mil metres de neu i roca que ens havien d'acollir.

Tic-tac, tic-tac. Grampó-piolet, grampó-piolet. La neu, com dos dies abans, era d'una consistència perfecta, ni massa dura ni massa profunda, i avançàvem sense pausa a un bon ritme de doscents cinquanta metres de desnivell per hora. Al cap de poques hores, vam arribar als set mil, pujant per amples pendents de neu entretallats per esperons de roca, que s'elevaven fins als pinacles de l'aresta Boardman Tasker a sobre dels vuit mil tres-cents metres.

Mentre anàvem pujant, vivíem en una bombolla d'eufòria. Quan escales sol, la concentració sempre ha de ser màxima, i intentes amagar les emocions perquè no et dominin i et traeixin, però quan vas amb companyia els sentiments flueixen i apareixen els somriures, que s'encomanen. L'alegria era completa. Feia bon temps, el millor que hauríem pogut imaginar, no feia fred i les condicions eren les ideals. Estàvem en forma, tots plegats, sobretot el Seb, i obríem una via nova a l'Everest!

El Seb i jo ens anàvem rellevant al capdavant i el Jordi ens seguia a poca distància. Vam travessar uns corredors de neu i vam continuar per un esperó amb algun ressalt de roca, però amb molta neu acumulada, i vam haver d'escurçar els relleus. Cada trenta o quaranta metres ens alternàvem per obrir traça en la neu, que cada vegada era més fonda. Per l'oest, uns núvols van rodejar el Raphu

La, el coll que separa els vessants nord-est i el Kangshung de l'Everest, i van anar ocupant la paret on érem. Com que durant la setmana, en començar la tarda, sempre es formaven petits núvols que desapareixien aviat, no ens hi vam encaparrar. Tot i que érem a gairebé vuit mil metres, on costa de respirar i avançar demana un esforç considerable, l'eufòria ens dominava, i, mentre jo anava per davant obrint traça fins als genolls, vaig sentir que el Seb començava a cantar —«*Libéré, délivré, je ne t'oublierai plus jamaaais... libéré, délivré...*»—, fent paròdia de la cançó dels dibuixos animats preferits de les seves filles, que era l'única pel·lícula que teníem al campament.

Vam decidir parar, per esperar que els núvols fugissin, però no van voler. Més aviat al contrari. Es van anar fent cada vegada més densos, i ja no ens permetien veure'ns-hi més enllà d'una desena de metres. A sobre, es va posar a nevar.

La situació en què ens trobàvem era molt delicada. S'havia girat vent i ara bufava amb força, i amb la neu que queia i la que ja hi havia acumulada s'estaven formant unes plaques d'una mida que espantava. Nosaltres érem ben bé al mig d'una paret que al cap de poques hores, o fins i tot de minuts, es convertiria en una trampa d'allaus. Enmig de la tempesta, la mirada del Seb es va interposar en la meva. No feia falta que ens diguéssim res més: continuar no era una opció.

D'alternatives, només n'hi havia tres: esperar, baixar o sortir d'allà. Cap de les tres ens inspirava prou confiança. Podíem desgrimpar uns mil cinc-cents metres sense gaires complicacions tècniques, però les acumulacions de neu podien ser perilloses. Travessar cap a la dreta, per anar a buscar l'aresta nord, implicaria un risc menor, però per arribar-hi havíem de creuar per un pendent de neu de cinquanta graus amb més d'un metre de neu fresca acumulada. Amb aquelles condicions, esperar no semblava una bona idea.

Quan el Jordi va arribar a la nostra posició, li vam demanar què en pensava.

—Crec que hem de travessar cap a l'aresta, així en diagonal —va opinar.

—Jo no travesso si no veig cap on vaig —va replicar el Seb, provant de veure-s'hi a través d'una boira espessa—. També podem baixar molt ràpidament, és una altra opció.

—Però hi ha el gel, hi ha les arestes, que ara estaran molt carregades de neu. —El Jordi havia inclinat el cap a un costat abans d'intervenir.

—Ara veiem l'aresta —vaig afirmar jo, en observar-ne la silueta aprofitant un instant en què el vent va aixecar la boira—. Darrere del primer esperó n'hi ha un altre, i després hi ha la cresta, potser a uns quatre o cinc-cents metres.

—D'acord —va acceptar el Seb—. Hi anirem d'un en un.

—Ok, hi vaig. —Sense pensar-m'ho dues vegades.

—Hi vas perquè no tens fills? —va voler saber el Seb.

—Sí, potser és això. —Havia inclinat una mica el cap i la veu em va sortir baixa. Tot seguit, em vaig posar a caminar.

—Quan arribis a l'aresta, crides i venim, eh! —La veu del Seb la vaig sentir a l'esquena.

A cada pas que feia, el cos se m'enfonsava fins a sobre els genolls. Tot i els grampons, les botes amples, els botins i tota la roba que portava, notava cada mil·límetre de neu que trencava, la consistència de cada cristall. Quan sentia una capa de neu ben dura, respirava una mica tranquil, almenys fins que iniciava el pas següent, però quan la capa s'enfonsava de cop em quedava sense alè durant uns instants fins que comprovava que tot estava immòbil.

«Una passa més. Segueixo creuant. M'aturo. Faig mitja volta?» Si feia mitja volta, l'únic que aconseguiria seria retardar el destí. Un altre pas. Els genolls desapareixien sota la neu. Mil metres de paret per sobre i mil més per sota. Tots ben carregats de neu. El vent l'estava convertint en una gran placa. «Hòstia, això és un parany, un camp de mines!» A cada pas, pensava que provocaria una allau, no sabia si de vint centímetres o d'un metre de gruix. Cada moviment era etern, no s'acabava mai. En avançar el peu, abans de carregar tot el pes del cos, ja tremolava pensant en el pas posterior. D'acord que si moria no deixaria gaire cosa enrere, però... L'Emelie m'ocupava el pensament, m'ocupava l'ànim. Havíem planejat una vida per compartir-la, plegats. Com un puto egoista, també em desesperava comptant les muntanyes que encara no havia escalat i les idees que em quedarien al cap sense haver-les pogut materialitzar. Ho sento, no em volia morir, encara. Vaig avançar un peu i em vaig tornar a aturar. Vaig repetir el mateix procés, amb la mateixa por. Caminar és fàcil, però prendre la decisió de fer un pas més és difícil.

—Uaaa!!! —vaig cridar amb totes les forces en veure que la neu que m'envoltava i m'aguantava ja no estava ancorada a la paret i començava a caure cap avall.

Instintivament, vaig clavar els dos piolets a la neu, tan fondo com vaig poder, intentant esgarrapar cada mil·límetre per trobar el gel de sota. Una onada de neu em va impactar des de sobre el cap a gran velocitat i em vaig aferrar amb tota l'ànima als piolets, esperant que tot plegat s'aturés. La força de l'allau se'm va emportar els peus i em vaig quedar penjant dels braços, amb la cascada blanca passant-me per sobre. I de cop es va parar. «Hòstia puta, sóc viu encara!» Encara tenia els piolets clavats a la neu. «Merda, no vull morir així.»

Amb molt d'esforç, vaig arribar a l'aresta i vaig fer el crit que havíem acordat perquè el Seb i el Jordi es posessin a creuar. Tot i que estava fora de la paret més inclinada, un metre de neu fresca recobria l'aresta i la visibilitat no arribava als deu metres. Trobar el camí per baixar enmig de la boira seria complicat; si ens desviàvem una mica a la dreta tornaríem a la cara nord-est, molt inestable, i si anàvem cap a l'esquerra la cara nord ens receptaria el mateix xarop. «Collons, si abans-d'ahir mateix vaig pujar per l'aresta fins als set mil vuit-cents metres!» Hi vaig pensar de cop, i vaig buscar de seguida al rellotge la traça GPS d'aquella sortida. Quan el Seb va arribar, vam comentar la situació. Havíem de seguir la traça que marcava el rellotge sense allunyar-nos-en gaire, i esperar sobretot que fos precisa. El Jordi va aparèixer sortint de la boira i en apropar-se vaig advertir que mirava amb inquietud cap amunt i aixecava el braç per assenyalar no sé què.

—Atenció! —vaig sentir que cridava.

—Hòstia! Claveu els piolets! —em va sortir.

Una allau, per sort petita, ens va cobrir fins a sobre la cintura. Ni a l'aresta no podríem descansar de les allaus.

—Merda, merda... —feia el Seb—. Ens hem d'escapar d'aquí cagant llets! No tenim control sobre res!

El Seb es va col·locar al davant i va iniciar el descens per l'aresta. Jo era uns metres al darrere i li anava indicant la direcció que em marcava el rellotge. El Jordi em seguia a uns cinquanta metres, mig perdut entre la boira. Vam baixar tan ràpid com vam poder, esforçant-nos per obrir una traça per sobre els genolls i evitant les allaus que anaven baixant de tant en tant per l'aresta, dissimulades per la boira. El comportament del temps era aleatori. Ara anava ràpid, ara s'aturava. El Jordi es desorientava per un problema que havia tingut amb l'altura. La neu encara era molt inestable i provocava allaus petites. El soroll per l'esforç i la respiració, brut i entretallat, era constant, i alhora el silenci manava, atrapats com estàvem en un instant que no s'acabava mai. Tot es va anar aplanant i van aparèixer unes esquerdes. De sobte, vam veure la paret del Changtse al davant. Érem al coll nord! Vam buscar l'aresta i amb un parell de ràpels vam baixar fins a la rimaia i la glacera.

En arribar, em vaig deixar caure a terra, a plom, amb la ment buida del tot. Ens vam fondre en una abraçada amb el Seb, i ens vam posar a plorar i a riure. Tot alhora.

—Oh, però què collons ha passat?

El Jordi se'ns va afegir, i just llavors vam advertir que una allau escombrava la paret per on havíem estat pujant feia no res.

Ens vam posar a caminar per la morrena en silenci, en direcció al campament. Érem a deu quilòmetres. Mentre queia la nit, em vaig demanar com havíem pogut passar de l'eufòria al malson en tan sols un minut encara no. «Quants comodins de vida dec haver gastat, avui?»

Capítol 3

Més de cinc-cents dorsals

Sento que em sona l'alarma del mòbil just quan he aconseguit adormir-me. Amb una mà maldestra paro el tro que trenca el silenci de la nit, i tot seguit busco l'interruptor del llum. Encara no puc obrir del tot els ulls, agredits per la claror sobtada de la bombeta d'aquesta habitació d'hotel. M'aixeco i agafo la llesca de pa que m'havia sobrat del sopar. La premo per comprovar que no s'hagi ressecat gaire i hi escampo amb el ganivet una espessa capa de melmelada. Una mossegada, tanco els ulls i percebo que s'ha recuperat l'ordre. Oh, quin plaer quan desapareix la sensació que un grapat de granets de sorra se t'han instal·lat sota les parpelles! Una segona mossegada, i una tercera. El pa em fa bola a la gola. No puc menjar tan d'hora. Un últim mos i em torno a amagar sota el llençol. Poso de nou l'alarma perquè toqui d'aquí a una hora. Tanco els ulls i intento dormir. M'esforço perquè la ment em quedi en blanc, però no ho aconsegueixo: el perfil de la cursa, els avituallaments i l'estratègia es colen per tots els forats del son.

El despertador torna a sonar. Els llençols ja no s'enganxen, les parpelles no pesen. Salto del llit i comença la rutina frenètica: anar al vàter, beure una mica d'aigua, treure'm els calçotets de dormir i vestir-me amb la roba de la cursa, que havia ordenat en una pila a la nit, amb el dorsal ben posat a la samarreta. Torno a beure i visito altra vegada el quarto de bany. Em poso una jaqueta a sobre. Ara sí, ja estic a punt. Apago el llum, tanco la porta de l'habitació i deixo les claus sota la catifa. Vaig trotant fins a la sortida.

Quan has repetit aquesta seqüència centenars de cops, més de cinc-cents, ja no té la gràcia d'una cerimònia especial, és només una manera mecànica i rutinària d'optimitzar el temps. Alguna vegada, molt esporàdicament, apareix alguna sensació semblant a l'excitació.

Sí, acumulo ja més de cinc-cents dorsals.

El primer me'l van posar els meus pares quan encara no caminava. Tenia dos mesos i me'l van endossar per fer la baixada de Cap d'Any de La Molina. L'Eduard, el meu pare, em portava penjant dels braços, amb els esquís tot just tocant la neu. Tenia un any i mig encara no quan la meva mare me'n va enganxar un altre, per fer una caminada popular de cinc hores, aquest cop, portant jo el meu propi pes. Em recordo també als tres anys competint per primera vegada a la Marxa Pirineu d'esquí de fons, que enllaça els dotze quilòmetres que van del Refugi del Cap del Rec, on em vaig criar, a l'estació de fons d'Aransa. Vaig poder completar la meitat del recorregut, i la part final la vaig acabar a dalt la moto de neu que tancava la cursa. A partir de l'any següent ja la vaig fer sencera.

En aquelles primeres escaramusses esportives, sense saber-ho, estava sembrant la llavor d'un model de vida que m'ha dut a voltar per tot el món i a competir en les proves més diverses. Fins ara, més de cinc-cents dies m'he llevat a la matinada per posar-me un petit rectangle amb un número estampat. Ara us explicaré la història d'alguns d'aquests dorsals.

Zegama 2007, sis segons que ho van canviar tot

La boira esborrava un paisatge de boscos de falguera, d'un verd intens, a les acaballes de l'estiu. Era una capa fina de molècules d'aigua microscòpiques que se suspenien en l'aire i quedaven aturades, immòbils. Si hi passes ràpid et refresquen, però al cap de no res t'han deixat ben xop. Hi havia un fil de llana de color taronja fluorescent que feia ziga-zagues entremig dels prats d'herba curta i pedres blanques com el marbre i afilades com un ganivet. L'havien col·locat l'Alberto i els seus companys perquè no ens perdéssim pels lloms de l'Aratz, abans d'entrar de nou al bosc i espantar els dimonis de la boira per trobar el camí de fang i pedres.

Era diumenge, el 23 de setembre, i l'endemà tenia un control a la universitat. En aquells moments, però, això tant me feia, perquè estava absorbit per la contemplació davant meu de la samarreta de tirants taronja del segovià Raúl García Castán. Aquell any, el 2007, ens havíem enfrontat a Andorra, Malàisia i el Japó. Zegama, a Guipúscoa, la marató de muntanya més important del món, era la final de les sèries mundials, i si el Raúl la guanyava s'emportaria la Copa del Món de Skyrunning. Tot i la confiança que m'havien donat els resultats que havia obtingut durant la temporada, sabia que el meu contrincant rendia al màxim en els formats llargs. Encara que entrenant havia fet tirades de més de quaranta quilòmetres, fins i tot de vuitanta, no havia completat la distància d'una marató en una cursa fins una setmana abans de Zegama, a Sentiero delle Grigne.

Durant la primera meitat del recorregut, havíem anat corrent junts un grup de quatre, sense clavar-nos gaires ganivetades. A més del Raúl, hi havia el Jessed Hernández i el mallorquí Tòfol Castanyer. El Jessed era un jove talent que coneixia des de feia anys, perquè va pujar quan tenia divuit anys a viure a Estana, un poble ben a prop d'on jo vivia, a Montellà, i, tot i que ell tenia quatre anys més que jo, ens vam avenir de seguida, ja que no era habitual coincidir amb altres nois a qui també agradés córrer per la muntanya. Aquell any havíem corregut plegats el Cavalls del Vent, i havíem fet els vuitanta quilòmetres de recorregut al voltant del Cadí i el Pedraforca en poc més de deu hores. Era, sens dubte, un dels corredors amb més talent que havia vist mai. Tenia molta força, era pura potència. Vés a saber on hauria arribat si hagués tingut el cap més posat a córrer i a entrenar bé. El Manuel Hernández, el seu pare, juntament amb l'Enric Pujol, van formar part de la tercera expedició que va culminar el Broad Peak, de 8.051 metres. Era l'estiu del 1981. En iniciar el descens, van patir un accident i l'Enric va perdre el coneixement. Van haver de passar tres nits a set mil sis-cents metres esperant que els anessin a rescatar. L'Enric Pujol ja no es va despertar.

Era com absurd, aquell silenci. Només se sentia el so de les respiracions, entretallades pels impactes dels salts quan baixàvem a tota velocitat. El crec-crec dels peus trepitjant la generosa capa de fulles seques, que dibuixaven formes impossibles entremesclades en un mar de fang espès. Semblàvem un grup de nois que fugíem d'un bosc encantat de conte de fades. De cop, entre la boira, ens van atrapar els nostres perseguidors. Feien l'efecte de dos animals afamats que saltaven per aconseguir la seva presa, provocant un terrabastall de fulles i branques. Eren els corredors locals Zuhaitz Ezpeleta i Fernando Echegaray, que se'ns ajuntaven just abans d'arribar a l'equador de la cursa. No van afluixar el ritme i ens van passar davant a gran velocitat. S'hi deixaven la pell, com si haguessin d'acabar la competició en un esprint. En aquell moment no vaig entendre per què ho feien. Aviat ho sabria.

Quasi al final de la baixada, es passa per un túnel tallat a la pedra calcària. No és gaire llarg, però hi ha uns metres centrals que queden completament a les fosques, i té el terra ple de pedres rodones de totes les mides que demanen la màxima concentració als corredors. No havia viscut mai la cursa de Zegama i YouTube encara no s'havia inventat, i tot i que sabia pel boca-orella quin ambient em trobaria, em vaig espantar quan vaig sentir un fort murmuri, com de multitud de veus a la llunyania, que s'escampaven i rebotaven per les valls. Jo estava concentrat a posar bé els peus entre les pedres enmig de la foscor i no em podia permetre estar pendent d'aquell soroll. Quan vam sortir a la claror al final del túnel, em vaig trobar de cara amb milers de persones equipades amb campanes i trompetes.

Els dos corredors bascos aixecaven els braços i s'obrien pas entre el mar d'espectadors, i, a mesura que avançaven, el soroll augmentava fins a fregar la bogeria. Vaig quedar tan impressionat i atordit que fins i tot vaig passar de llarg l'avituallament. «Sang freda, Kilian, sang freda.» Vaig frenar i vaig tornar enrere, vaig agafar un got d'aigua i un gel, però l'excitació i el brogit de la gent m'impedien quedar-me quiet. El camí tirava tot dret cap a un camp d'herba i fang, amb molt de pendent. En una cursa d'aquesta distància, hauria d'haver aprofitat la inclinació del pendent per caminar una mica i agafar ritme abans de la pujada, que era llarga, menjant el gel i bevent aigua, però aquí era impossible. Amb la cridòria no sents l'esforç, només pots córrer amb totes les forces perquè la gent t'empeny amb la seva energia.

Les curses *curtes*, les que demanen entre una i quatre hores per recórrer entre vint i quaranta quilòmetres, exigeixen una concentració elevada. No són com, per exemple, el quilòmetre vertical de Fully, on un petit error t'ho fa perdre tot i vius sempre dins una bombolla, però tampoc es poden comparar amb una cursa llarga, en què has d'agafar un ritme i esperar que la fatiga no s'acarnissi amb tu. En aquestes curses de format mitjà has d'estar concentrat, sí, però encara que t'equivoquis en algun punt sempre tens prou marge per recuperar-te. Pots començar a córrer tàcticament, estar pendent del millor moment per atacar, agafar-te períodes per *descansar* o encara que sigui per recuperar forces per accelerar de nou. És amb aquests paràmetres que vaig preparar Zegama fins a la sortida del túnel per buscar l'avituallament. A partir d'aquí, tot es va descontrolar: l'èxtasi dels espectadors ens va obligar a posar abans d'hora tota la carn a la graella i a encarar els últims vint quilòmetres com si estiguéssim disputant una cursa de velocitat. Terrible.

Després de superar una pujada, en què havia atrapat els dos bascos i havia obert un forat amb els meus perseguidors, vaig començar a sentit un murmuri encara més fort que l'anterior. Vaig aixecar el cap, i no m'ho podia creure: milers de persones escampades ocupaven cada racó del cim d'Aizkorri, el punt culminant de la cursa. Em sentia com l'esforçat ciclista del Tour de França suant la cansalada en ple juliol i obrint-se pas per assolir el coll del Tourmalet. La fusió entre nosaltres, els corredors, i el públic era absoluta. Mai he viscut aquesta sensació, tan única, en cap altra part del món. És molt especial, molt.

Finalment, i amb molt d'esforç, vaig creuar la meta en primera posició, només sis segons abans que el Raúl García. Després de travessar l'últim coll amb un bon avantatge, havia anat veient que el segovià se m'anava apropant, i em va obligar a córrer els últims tres quilòmetres a un ritme demolidor. Aquells sis segons, aparentment curts però eterns en realitat, em van permetre aixecar el trofeu de la Copa del Món de Skyrunning. Aquells sis segons em van donar el regal de poder començar a viure el meu somni. Aquells sis segons em van impulsar a guanyar totes les competicions que he guanyat des de llavors. Van ser els sis segons més valuosos de la meva carrera.

Això em fa reflexionar que només hi ha un petit pas entre guanyar i perdre, i que sempre el condicionen detalls insignificants.

Unes quantes setmanes abans havia corregut el Giir di Mont, una cursa de trenta-dos quilòmetres a les Predolomites italianes. El premi que s'emportava el guanyador era un cotxe, un Fiat Panda. Jo era llavors un noi de dinou anys que, quan volia competir en alguna cursa llunyana, havia de deixar de pagar la llum i viure una setmana a les fosques per poder assumir el preu del viatge i la inscripció. En aquesta competició, el favorit era el mexicà Ricardo Mejía, que havia dominat les curses de muntanya durant la dècada precedent: havia guanyat cinc vegades la mítica Sierre-Zinal, unes quantes vegades la Pikes Peak Marathon i l'any anterior s'havia coronat campió a la Zegama. Era la segona vegada que competia contra ell i feia tot just una setmana que havia guanyat la meva primera prova de nivell a Andorra, de la Copa del Món de Skyrunning, al mateix lloc on havia vist per primera vegada el Ricardo dos anys abans.

Aquell Giir di Mont em va acabar guardant una sorpresa final. Vaig sortir atacant, amb molta empenta, i em vaig trobar de sobte al capdavant de tots. El Ricardo Mejía em seguia al darrere, amb el seu pas curt però dinàmic, sempre corrent encara que fos en un pendent impossible. I em va atrapar. A partir d'aquell moment ens vam alternar, ara ell al davant, ara jo, l'avançava a les baixades i ell em passava en els ascensos. Al cim de l'última pujada, em portava dos minuts d'avantatge i no tenia altre remei si el volia guanyar que llençar-me avall com si m'hi anés la vida. Quan quedava només un quilòmetre per a la meta, vaig arribar a la seva altura, però no vaig ser capaç de deixar-lo enrere. Érem només a trescentes metres d'acabar i vam sortir a l'asfalt. Una lleugera pujada ens separava de la meta i... del Fiat Panda. El Ricardo, molt més experimentat i astut que jo, sense deixar-me ni un segon per pensar, va esprintar intensament. Ell havia fet l'última baixada reservant forces i jo havia buidat el dipòsit provant d'atrapar-lo. Va sortir disparat cap a la meta. Veia com s'allunyava i no podia ferhi res, les cames no obeïen l'impuls del meu cervell. Sis segons em van convertir en perdedor.

Vaig estar uns quants anys equivocat, pensant-me que una cursa és el que passa entre que sona el tret de sortida i que es creua la meta. Estava cec pensant que la competició és un joc binari entre guanyar i perdre, fer una bona marca o una de dolenta. La necessitat d'obtenir el millor resultat no em deixava veure que el més important de Zegama no era que m'animessin o el sopar amb carbohidrats a les set del vespre el dia abans, sinó la passió de l'Alberto i l'Ainhoa per convertir aquell poble i aquelles muntanyes, i aquell dia, en un moment màgic per a tots els habitants, que la celebració real no era la del podi sinó la conversa de tots plegats i alhora a taula sopant, a la societat gastronòmica, amb corredors, organitzadors i espectadors. O al Giir di Mont, on la competició era menys important que les pizzes de Ca la Peppa. Però no saber tot això va ser el peatge necessari que vaig pagar per aconseguir el nivell físic i l'instint competitiu que m'han donat els mecanismes i els coneixements per assolir l'èxit.

Hardrock, cent milles per besar una pedra

Començava a fer-se fosc quan vam veure el Virginius Pass, un coll tocant els quatre mil metres a les muntanyes del sud de Colorado. Afortunadament, ja havíem sortit del bosc i, tot i que sota l'ombra dels arbres la visibilitat era escassa, el cel encara resplendia. Quedaven uns quants núvols, que ens recordaven que d'un moment a un altre es podia congriar una tempesta d'aigua i neu, per amenitzarnos la resta del dia amb llamps i calamarsa i per recordar-nos que estàvem ocupant el seu territori.

La grogor brillant de les roques s'apagava de pressa i davant nostre apareixia una cresta amb centenars de pinacles que s'elevaven retallant el firmament. Entre dues d'aquestes torres granítiques s'ocultava, en una escletxa de poc més d'un metre d'ample, un dels pocs passatges que permetien travessar aquelles muntanyes sense haver de fer una circumval·lació exagerada. En aquell espai tan petit i inaccessible hi havia l'avituallament més alt de la cursa, probablement un dels més elevats de totes les curses que es fan al món.

Una llengua llarga de neu ens assenyalava el camí per arribar fins allà. El paisatge ja començava a ser binari: la neu, blanca; la resta dels elements —roques, arbres, muntanyes—, negres. Havíem corregut durant més de cent quilòmetres des del matí, i sentia per primer cop les cames cansades. Ja no podia fer esforços inútils, com accelerar per passar una part més tècnica o saltar una tanca en lloc d'obrir-la. La pujada era feixuga, i per arribar a la llengua de neu no hi havia cap camí. Havíem de pujar per un pendent de roca solta que tirava avall amb cada passa que fèiem. Intento que el desplaçament sigui ràpid i no repenjar gaire el cos per enganyar el terreny, i, quan finalment arribo a la neu, és tan dura —perquè, tot i que som a mitjan juliol, a més de quatre mil metres i de dia, el sol no escalfa prou—, que he de pressionar amb totes les forces els dits dels peus perquè les vambes estiguin rígides per clavar-se ni que sigui uns mil·límetres. Només pregava per no relliscar i caure avall. Mentrestant, el cel abandonava el blau, i a poc a poc derivava en una tonalitat gairebé transparent, turquesa, i després es tenyia de groc, de taronja, i al final esclatava en un roig penetrant abans d'esvair-se en la foscor del blau quasi negre que seguia un breu però intens estadi púrpura.

Vaig poder-me extasiar amb aquest cromatisme poc abans d'arribar a l'avituallament de Kroger's Canteen. M'hi acompanyava el Rickey Gates, un talentós corredor nord-americà que era capaç de guanyar curses de deu i de cinquanta quilòmetres. És un individu molt peculiar: tant el pots trobar a la sortida de la Sierre-Zinal barallant-se per ocupar una posició de privilegi com enfilat a la seva moto a la Ruta 66, amb unes alforges carregades amb tot el que li cal per viure uns quants mesos fent el trajecte entre Alaska i la Patagònia, o en una granja rural d'Alabama buscant on dormir mentre travessa els Estats Units sense assistència des de la costa de l'Atlàntic fins a la del Pacífic. Conec el Rickey des de la meva primera Sierre-Zinal, el 2009. Hi va quedar quart. Des d'aleshores hem coincidit en moltes curses, des dels Alps fins a Alaska, i ha sigut el meu *pacer* en totes les competicions en què me n'ha calgut un. Als Estats Units és habitual que en les curses de cent milles un corredor t'acompanyi en els últims cinquanta o seixanta quilòmetres per marcar-te el ritme. Encara que no et pugui ajudar físicament o carregar el menjar o el beure, el suport moral que t'ofereix quan ja has corregut més de cent quilòmetres és inestimable. El Rickey m'ha fet de *pacer* a la Western States 100 les dues vegades que hi he participat, i també em va assistir a la Hardrock Hundred Endurance Run durant una llarga nit de pluja i llamps sense treva.

Era quan el cel estava més rogenc, en aquell minut en què el vermell és tan intens que sembla irreal, que vam arribar al coll conegut com a Kroger's Canteen, on hi havia situat el que és segurament l'avituallament més alt d'una cursa de 100 milles. Aleshores vaig sentir una veu que em deia:

—Ei, Kilian, vols un got de tequila?

En aquella cresta per sobre dels quatre mil metres, en un espai de dos metres quadrats, entre les parets rocoses dels dos pinacles i amb el buit a banda i banda, un home vestit tot de taronja i amb un casc d'escalada omplia un got metàl·lic amb tequila, que sortia d'una ampolla de vidre. Era Roch Horton, un veterà corredor d'ultrafons que després de completar la cursa deu vegades va decidir posar-se al càrrec d'aquest avituallament tan especial durant la dècada següent. Com ell mateix afirma: «Deu anys prenent i deu anys donant». Jo encara estava sorprès per l'oferiment quan en Rickey va respondre:

—Jo sí que en prendré!

—Prendre'n una miqueta no em farà mal. Poquet, eh, que encara queden cinquanta quilòmetres i les cames ja no van tan fresques —vaig acabar jo, encara mig descol·locat.

Mentre el Roch ens servia el tequila —i un parell de burritos d'alvocat amb ous i verdures—, em vaig fixar que hi havia cinc persones més en aquell lloc tan curiós. Havien portat un *portaledge*, una espècie d'hamaca que s'utilitza per dormir penjat a la paret. En un prestatge hi havien col·locat galetes, patates bullides, entrepans, burritos i un cartell amb el menú que ens podien preparar allà dalt, amb les indicacions fins i tot de si era menjar vegetarià, vegà o amb carn. Hi tenien també un parell de petits fogons com els que s'utilitzen a les expedicions, olles per escalfar l'aigua i paelles per satisfer els desitjos dels corredors. Estàvem tots asseguts sobre un matalàs que, per més que m'hi vaig esforçar, no vaig arribar a entendre com van poder fer arribar fins allà dalt. L'havien posat sobre un mur de pedra que havien construït ells mateixos durant les setmanes precedents.

Des d'aquella altura contemplàvem com la foscor de la nit ja havia envaït les valls i anava pujant i fent desaparèixer els colors de les muntanyes i el cel. L'Scott Jurek —que ha guanyat set vegades la cursa Western States, tres l'Spartathlon de 246 quilòmetres i dues la Badwater, i també havia triomfat allà— ens explicava mentrestant que aquell avituallament és molt especial, que és l'únic on hi ha llista d'espera per poder ser voluntari. Tots són *hardrockers*, és a dir, que han acabat com a mínim una vegada aquesta cursa de cent milles i són invitats especialment pel Roch. És un privilegi exclusiu atendre Kroger's Canteen, que és el nom amb què es coneix aquest espai. Tant o més que guanyar la cursa.

Quan tenia vint anys i vaig participar en una cursa de 160 quilòmetres, el que més m'intrigava era saber si seria capaç de fer la distància d'una tirada, i si, a més, la podria fer a un ritme ràpid. El 2008, a l'ultra trail que fa la volta al Mont Blanc, l'UTMB, vaig dissipar tots els dubtes. El que em motivava de la distància era saber només si era capaç de competir i de guanyar. Era el mateix esperit amb què m'enfrontava al desafiament de la competició més curta, el quilòmetre vertical. I és per això que vaig seguir el mateix entrenament, estratègia i planificació. Aquesta aproximació i execució en les curses més llargues, purament competitiva, va suposar un trencament amb els usos habituals, sobretot a Europa, on es creia que l'ultra trail era una disciplina per a veterans i que s'havia d'afrontar amb paciència per poder arribar sencer al final. Ben mirat, el guanyador dels tres últims anys era l'italià Marco Olmo. Aquell any complia cinquanta-nou anys!

Durant un parell de mesos vaig començar a fer entrenaments més llargs, i vaig veure que era capaç de córrer durant vuit o nou hores sense que em calgués menjar ni beure. Així podria desplaçar-me més lleuger, sense haver de carregar aigua entre avituallaments. Estudiant els vídeos i els temps parcials que havien fet els guanyadors, vaig deduir que, si podia fer tota la cursa corrent, sense caminar, l'acabaria en dinou hores i m'asseguraria la victòria. Vaig preparar bé els entrenaments llargs, el material mínim obligatori i necessari, i durant la cursa vaig anar sempre ràpid. Em vaig quedar sol al capdavant al quilòmetre vint.

Aquell mateix any, als Estats Units, Kyle Skaggs, de vint-i-tres anys, guanyava la Hardrock 100. Era la primera persona que baixava de les vint-i-quatre hores, i, a més, ho va fer amb un estil minimalista, corrent ràpid des del primer quilòmetre. Avui dia, amb la preparació i els entrenaments actuals, s'ha perdut la por a sortir ràpid i lleuger. Acabar una cursa de 160 quilòmetres no té cap secret, la dificultat és córrer de pressa des del primer metre fins a l'últim. La llarga distància és també un viatge únic i singular en cada ocasió. De vegades el trajecte és intern, vius unes emocions que es fan més sensibles i intenses amb la fatiga; d'altres, el recorregut és extern, perquè coneixes profundament unes muntanyes, uns paisatges, des que surt el sol fins que es pon, acompanyes els animals quan es desperten i ells corren al teu costat sota la llum de la lluna.

Quan competeixo, m'agrada arribar el primer. Sóc el que més es pica, el més competitiu, però al mateix temps estic convençut que la recompensa de la satisfacció de la victòria ha de ser íntima i privada. Sento una certa aversió per la pompa de la competició. Presumir, enfilar-nos a un podi a una altura superior a la dels altres, els seguidors i els perdedors, perquè ningú dubti que som els millors… En definitiva, la victòria és només interna, individual i inconfessable. La derrota també.

Aquestes cerimònies i simbologies són el que mata les competicions. I això ho saben perfectament a la Hardrock 100. Les han suprimides i s'han convertit *només* en una cursa. En una cursa absoluta, total, sense parafernàlia ni exhibicions supèrflues.

L'endemà del tret de sortida, tothom s'espera que arribi l'últim corredor a la meta, a Silverton, el punt també de partida, i besi la pedra que indica el punt final. Sí, la pedra. Aquí no hi ha el típic arc amb una cinta, sinó un roc de dos metres quadrats amb el logo de Hardrock 100 estampat, una cabra de muntanya. Després d'un refrigeri frugal, els corredors i els voluntaris, i tothom que circula per allà, es reuneixen al pavelló de l'escola per celebrar que han passat un cap de setmana collonut. Els corredors que han besat la pedra abans de quaranta-vuit hores de començar a córrer, que és el límit establert, reben un diploma. Tant els voluntaris dels avituallaments com els *pacers* són cridats també per retre'ls homenatge. Tothom té un paper en la competició, tothom és igual d'important i necessari. Tothom celebra l'estima a l'esport i a les muntanyes. Això és el que hauria de ser una competició.

UTMB, l'Ultra Trail del Mont Blanc

Avui dia el *trail running* és un esport conegut i força mediàtic, però fa deu anys el practicàvem quatre gats. Tot va canviar quan, el 2006, Anton Krupicka va guanyar la cursa de Leadville, a l'Estat de Colorado, una de les competicions de cent milles més prestigioses. Era un jove corredor de poc més de vint anys, que s'hi va imposar per sorpresa, i amb una estètica peculiar: vambes minimalistes, uns pantalons molt curts, ensenyant un tors ben bronzejat i ondulant al vent la seva cabellera llarga. Defensava, a més, una filosofia de proximitat amb la natura i de fugida de l'enfrontament amb els altres, perquè, segons ell, el que havia de prevaler era la recerca personal. La victòria de l'Anton i el seu missatge van tenir molta més rellevància que l'increïble rècord que havia establert feia un any el talentós Matt Carpenter, que havia estat dominador de la Pikes Peak Marathon durant gairebé dues dècades.

Dos anys més tard, Erik Skaggs establia un nou rècord a la cursa de Hardrock i més tard jo mateix m'imposava a l'Ultra Trail del

Mont Blanc. Un aire fresc i nou entrava en aquest esport. També va ser al 2006 quan es va publicar el llibre *Born to run*, que explica la història dels corredors mexicans tarahumares, que guanyaven les cent milles calçats només amb unes sandàlies, de la impressionant Ann Trason, que rebentava totes les curses guanyant tots els homes, i de Scott Jurek, que no perdia cap competició de llarga distància. Amb el llibre *Ultramarathon Man*, Dean Karnazes apropava el *trail running* a persones de ciutat i a empresaris que necessitaven la desconnexió i els reptes. Tots aquests fets, units a les curses que s'organitzaven pertot, van fer bullir l'olla on es cuinava el *boom* que va viure aquest esport els anys següents. Tot i això, ja feia segles que els homes corrien per les muntanyes. De fet, podem parlar de competicions a les muntanyes des del 1040, quan el rei Malcolm Canmore va organitzar una *hill race* a Escòcia per seleccionar els seus carters.

El 2002, quan jo m'iniciava en les primeres competicions, l'estrella del moment era Fabio Meraldi, i va ser just aquella temporada que va competir al màxim nivell. Juntament amb Bruno Brunod, Matt Carpenter, Ricardo Mejía o Adriano Greco, havia recorregut els cims més importants del món en la disciplina batejada el 1993 per Marino Giacometti com a *skyrunning*. Emmirallant-me en el que feien aquests corredors del cel, somiava des de l'adolescència a competir com ells un dia. El 2007 vaig guanyar la Copa del Món de Skyrunning i la Pierra Menta. Aleshores em va picar la curiositat i vaig voler provar la llarga distància. A Europa, des de la primera edició del 2003, l'UTMB era la cursa que tots els corredors de l'especialitat es miraven equilibrant en els plats de la balança el desig i el respecte.

En aquell moment, no sabia que la meva vida canviaria radicalment, i no precisament en el pla esportiu, perquè de cop i volta tota la maquinària mediàtica em va posar sota els seus focus i vaig perdre l'anonimat. Va ser llavors que vaig iniciar la relació d'amor i odi amb el *trail running* i tot el que l'envolta. Aquestes curses són l'aparador on les marques i els corredors s'exposen per exhibir-se. Tanta atenció mediàtica fa oblidar sovint quins són els fonaments de l'esport: el respecte a la natura i a la comunitat que hi conviu.

Res del que podria dir de l'UMTB seria original. Val més que agafeu i feu una cerca a Google. Sí que vull, però, posar un petit accent sobre l'efervescència, sobre l'excitació, tant dels corredors com dels espectadors. Suposo que els temps estan canviant i hem d'adaptar-nos a les noves realitats hipermediàtiques. És per això que us anoto a continuació una petita guia que he redactat, no amb la pretensió de voler instruir ningú, sinó més aviat de caricaturitzar, amb quatre punts dedicats al corredor i un altre a l'espectador. Ben mirat, tot plegat es podria resumir amb una frase molt senzilla: «Al matí, tant si surts a córrer com a animar, una til·la has de fer baixar».

La miniguia del corredor i l'espectador

El corredor s'enfilava a l'última pujada de la marató sense donar temps a un espectador distret d'acabar-se l'entrepà. Aquest bon home sentia la necessitat d'aportar-li alguna cosa més que quatre crits d'ànim. Va calcular que havia fet deu mossegades després que el líder de la cursa hagués passat per davant seu i va dir a l'esforçat atleta: «Vinga, va, que el tens a tocar, a quaranta segons! Som-hi, que l'atrapes!». El nostre corredor va seguir, ben motivat, fins que al cap de poc un altre espectador —equipat amb un rellotge d'última generació, però pensant-se que el mètode d'observar el moviment del sol superava la tecnologia— havia notat que l'astre rei havia baixat dos mil·límetres i va deixar anar: «Va, noi, va, que el tens a quatre minutets de no res!». Desconcertat, el nostre amic atleta va remugar de primer: «Hòstia puta, a sobre de la petada que porto i el tio m'ha tret tres minuts i vint segons en un quilòmetre!». Poc després, una mica més refet, va pensar que podria ser que les impressions dels espectadors fossin una mica imprecises, i es va posar a calcular la mitjana d'aquests temps, i en això estava quan li va passar pel costat un tercer espectador que li va cridar: «Corre, corre, corre... Que el tens a dos minuts!». Vaja. Què va fer, el nostre admirat atleta? Els va enviar tots plegats a pastar fang.

Va arribar a l'avituallament i es va trobar amb el seu equip d'assistència, que després d'omplir les ampolles d'aigua fresca i donar-li una mica de menjar en un temps digne d'un *pit-stop* de Fórmula 1, van acompanyar-lo corrent mentre sortia de la zona de control per donar-li els últims estímuls i informacions: «Au, va, que ara ve una pujada de mil metres i després ja ho saps, pla i baixada fins a la meta». I llavors, per fer-lo anar més ràpid, li van mentir: «Que el tens a dos minuts i trenta segons!». El corredor va sortir pletòric, amb els dipòsits plens d'energia i amb la moral fent pessigolles als núvols. Tot això li va durar fins que van arribar els primers metres de pujada forta i les cames van agafar de nou el ritme de trot i va caminar. Per molt que volgués anar ràpid, les cames tenien vida pròpia i no li feien cas, i l'ànim li va caure a terra, i quasi que el va trepitjar i tot, quan va veure el corredor que manava a la cursa i va calcular el temps qui li portava: sis minuts d'avantatge (!). Fins i tot el seu equip l'havia enganyat.

Va continuar deixant-s'hi la pell, però, no perquè tingués cap esperança de guanyar, sinó perquè és l'actitud bona per treure el millor que tens dins teu. En arribar al capdamunt de la pujada, es va trobar amb una multitud d'espectadors. Amb tants crits d'ànim, amb alguns que fins i tot li deien pel nom, va treure energies d'on no en quedaven i va accelerar el pas, va córrer de nou, i entre tanta exaltació va aixecar les mans, i la gent va respondre cridant encara més fort i animant-lo encara més. Però aleshores el nostre estimat corredor va notar que una mà li premia l'espatlla i l'empenyia cap endavant, després una altra li tocava el cul fent força, però amb la fatiga que portava acumulada ho assimilava tot com si la tropa de Jumanji li passés per sobre. Va haver de parar de córrer i obrir els braços per intentar mantenir l'equilibri; estava tan destrossat per l'esforç que una mica més i cau a terra i s'obre el cap.

Va superar el cim i va començar un tram planer, amb pujades i baixades suaus. Als entrenaments, era capaç d'anar el doble de ràpid en el mateix context, però ara amb prou feines podia mirar endavant i mantenir la concentració per fer un pas rere l'altre sense perdre el ritme. Uns quants corredors sense dorsal l'estaven esperant. No els havia vist mai, per això es va quedar astorat quan va veure que un se li posava a córrer al costat i li donava conversa:

—Què, com vas?

—Grrrbbbuuu...

—Vinga, va, que estàs fent una bona cursa. Què, les últimes pujades? Molta calor?

—Grrrbbbuuu...

—Ara tranquil, que ve un tram que et va de conya, és aquí on has d'atacar.

— ...

—Ataca, collons, ataca, que se't veu bé!

El nostre pacient corredor, ja una mica molest, se'l va mirar de reüll i va pensar: «Cagonlaputa, si estigués tan bé no m'estaria arrossegant com un miserable, estaria fent saltironets i fent-me fotos per a Instagram i donant-te conversa. Però que no ho veus, collons, que estic tan destrossat que no puc dir-te ni ase ni bèstia?».

Al final, l'espectador sense dorsal va desistir, perquè un altre li va agafar el relleu. I tornem-hi:

—Va, va, va… Ataca ara, que els altres fan mala cara!

«De debò, us ho juro, tant me fa la cara, no vull el careto de Paul Newman sinó les cames de Kenenisa Bekele!», va dir-se a ell mateix el corredor assetjat, i va continuar corrent.

Ja s'aproximava, a poc a poc, a l'arribada, i cada vegada era més nombrosa la colla d'espectadors corredors que l'envoltaven. N'eren tants, i semblaven tan ben coordinats, que per un moment l'atleta va buscar el Robert Zemeckis entre la multitud per si estava aprofitant per filmar una escena d'una pel·lícula d'acció, però les úniques càmeres que va veure van ser els objectius dels *smartphones* que tapaven cares. «Quins temps, quan els espectadors miraven la cursa amb els seus ulls i no a través de la pantalla del mòbil!» De cop, va sentir un calfred, perquè es va adonar que tothom corria d'una manera estranya, com si estiguessin filmant algun fet extraordinari. Va pensar per un moment que s'havia posat els pantalons al revés o que els portava cagats i que era per això que el filmaven, i que es trobaria els vídeos pujats a YouTube i que seria la riota. Però no era per això, no, perquè es va tocar el cul i va assegurar-se que tot estava en ordre. Va deduir llavors que si li prestaven tanta atenció era perquè devia tenir la cara desfigurada per la suor i el cansament, que el seu aspecte devia ser el d'un animal malferit i perillós. En aquell moment ningú el tocava, no fos cas que l'animal salvatge que era ell els mossegués. El que sí que tenia clar, com a mínim, era que la resta d'espectadors podrien presenciar en directe el capítol «White Bear» de la sèrie *Black Mirror* sense pagar la quota a Netflix.

No us amoïneu, però, perquè no són només els espectadors els que es mostren eufòrics per la importància del moment. També els que portem el dorsal enganxat amb quatre imperdibles —tres en el meu cas, sóc un obsés del pes— deixem que les neurones campin al seu aire mentre ens esforcem perquè les cames no abandonin el camí marcat.

És el cas d'aquell cap de setmana, que el nostre corredor va intercanviar els papers i va decidir finalment fer feliç el seu pare: en lloc de sortir amb unes noies, va dir-li que li agradaria ajudar-lo en la cursa que organitzava. Ben mirat, també li agradava la natura i feia pinta que aquell cap de setmana faria solet i seria divertit. Tot va començar com una aventura: a les tres de la matinada es van llevar i, un cop van haver posat unes quantes tanques i enllestit uns encàrrecs d'última hora a la zona de sortida, va carregar el cotxe amb unes quantes caixes de menjar i uns bidons d'aigua, i va conduir fins al final d'una carretera estreta. Allà es va trobar amb una parella de joves, tots dos vestits de corredors i amb un físic atlètic, i amb un altre home gran que duia pantalons calents i una jaqueta vella, que va reconèixer com un amic del seu pare. Es van posar a caminar tots junts amb les motxilles plenes i els bidons a les mans, a la llum del frontal. «Coi, com pesa això», va pensar mentre esbufegava pujant muntanya amunt. Al cap d'un parell d'hores van arribar a un prat a prop de les crestes, i l'amic del pare va treure unes taules plegables que feia uns quants dies havia amagat darrere unes pedres, i van parar-hi el menjar i el beure. Eren les cinc de la matinada i no esperaven que arribessin els primers corredors fins un parell d'hores més tard. Van acomodar-se i van disposar unes cadires perquè els atletes poguessin reposar una estona mentre s'avituallaven. Van pensar que amb la calda que faria potser els agradaria refrescar-se una mica, i van fer uns quants viatges a un riu que era a un centenar de metres més avall per portar aigua freda, i la van posar en una galleda gran amb esponges. Com que començava a augmentar la temperatura, i amb l'olor del menjar les mosques ja estaven emprenyant, van protegir les safates, on havien disposat galetes, entrepans i talls de fruita.

De sobte, van veure que el primer corredor es distingia per darrere la cresta i, excitats com una mala cosa, van començar a cridar-lo com si s'acabés el món. Al cap d'uns minuts hi va arribar, i devia estar molt cansat perquè, sense ni tan sols dir hola, va agafar la galleda de les esponges i se'n va abocar el contingut per sobre, i tot seguit va llançar el bidó a un dels dos joves perquè l'hi omplís d'aigua. Va ser en aquell moment que va delatar que no era mut, perquè es va posar a renegar i a cridar com un boig perquè no entenia que el menjar estigués tapat, perquè això li feia perdre uns segons importantíssims, i totes les exclamacions no li impedien no parar de girar-se per mirar si veia acostar-se un segon corredor. Amb tot el neguit i la pressa, la filla de l'organitzador va destapar les safates, i es va trobar fatal, perquè ella l'únic que volia era ajudar, però no havia estat mai en un avituallament i va pensar que estava arruïnant la carrera d'aquell personatge cridaner. El corredor va agafar un parell de barretes energètiques, se'n va entaforar una a la motxilla i en va rosegar una altra mentre reprenia la marxa. Ja fora de l'avituallament, va llençar a terra l'embolcall de plàstic, segurament perquè no havia vist les bosses d'escombraries que havien penjat a la taula i a la sortida del control. La jove va recollir el plàstic i el va dipositar a la bossa.

El segon atleta va ser més amable i va dir-los bon dia, però quan va sortir també va deixar caure a terra el plàstic de la barreta. Bufava el vent i van haver-lo de perseguir una estona fins que el van atrapar.

Una altra figura singular és el *pacer*, el tio o la tia que et fa l'assistència, que t'acompanya durant cinquanta o seixanta quilòmetres, quan ja vas tan a poc a poc que ha d'anar corrent al teu costat amb la jaqueta i el gorro posats, aguantant les teves queixes. Això només ho pot fer per dos motius: perquè vol lligar amb tu i està explorant les seves últimes i doloroses opcions o perquè és un molt bon, però que molt bon, amic teu. Segurament s'ha llevat a les tres de la matinada, ha conduït —posa que cent quaranta quilòmetres— fins a arribar a la sortida de la cursa, i com que s'ha despertat massa aviat s'endormisca un parell d'hores al cotxe que ha aparcat davant l'hotel on tu dorms. Abans que tu hagis fet el primer pas, ja ha hagut de carregar-se de paciència per escoltar tres vegades el teu discurset perquè no es descuidi d'on vols cada entrepà i cada mitjó, i mentre aguanta les jaquetes, l'ampolla d'aigua i tot el que portaves per escalfar, ha hagut d'aixecar la vista per distingir-te entre els dos mil corredors que veu i animar-te a tu, precisament, i només a tu. Ha hagut de córrer igual que tu per arribar ràpid a l'hotel i preparar-te aquells entrepans de melmelada de la Garrotxa que, mmm, t'agraden tant, barrejar aigua tebiona —«Uix, és que si està molt freda em fa mal al coll»— amb dues cullerades i mitja d'electròlits, i ha anat a tota canya per pistes forestals amb unes condicions que farien tremolar un pilot de ral·li fins que ha arribat a temps a aquell avituallament, en què és també *imprescindible* que hi tinguis la jaqueta verda i la vaselina, que —què coi!— t'hi va la cursa. A les dues de la matinada de l'endemà, sense dormir i arrossegant-se d'avituallament en avituallament, allà el tens, esperant-te en samarreta de màniga curta i pantalons, pelant-se de fred i amb la motxilla plena de roba i menjar per a tu, que arribes dues hores tard i emprenyat com una mona perquè a la parada anterior només hi havia entrepà de melmelada de maduixa i no de nabius, i és segur que serà per això que no guanyaràs la cursa, hòstia puta. Es posa a córrer al teu costat, t'anima i et parla, t'avisa dels perills i els obstacles, esprinta abans d'arribar a cada avituallament per assegurar-se que ho tens tot a punt, i tu, tan pacient com sempre, l'únic que li dius a l'arribada és:

—Collons, tio, mira que t'ho vaig deixar clar, que a l'avituallament del quilòmetre 123 volia un entrepà de Nocilla i no de Nutella.

Una altra figura important és la família, que no tan sols ha de suportar que siguis prou estúpid per córrer el dia de la cursa, sinó que aguanta que hagis mantingut ben alt el pavelló de la teva estupidesa des del dia que vas rebre la confirmació de la inscripció, sis mesos abans. No, els corredors no ens la mereixem, la família que tenim.

El quilòmetre vertical de Fully

L'olor de castanyes no enganya: som en plena tardor. Tot i que hi ha set-cents corredors, l'ambient que es respira és de bona convivència, de cursa de poble. Tothom es coneix. De fet, per a molts,

Fully s'ha convertit en l'excusa per a un pelegrinatge anual; per als uns, per testar si la feina de l'estiu és garantia d'un bon rendiment a l'hivern, per a d'altres, com un colofó després d'uns mesos previs molt moguts.

El quilòmetre vertical és la cursa de la sinceritat neta. És una prova en què no es pot dissimular. Si estàs fort, faràs una bona crono; si hi vas fluix, no hi ha cap tàctica ni cap tècnica que et permeti dissimular. I és just aquest, l'interès de la competició, que demana una preparació intensa i molta dedicació, i, a més, arribar fi el dia assenyalat.

És la pedra de toc dels atletes de muntanya, de la mateixa manera que els 100 metres ho és per als velocistes o els 10.000 metres per als fondistes. Tothom sap aproximadament quant temps pot trigar a pujar els mil metres o quants metres és capaç de recórrer en una hora d'ascensió. Són les referències que es tenen per fer els càlculs. «Si puges a sis-cents metres per hora, trigaràs al voltant de tres hores per culminar aquell cim.» Reinhold Messner va calcular que pujava els mil metres en trenta-cinc o trenta-sis minuts i, a partir dels anys noranta, els corredors, cada vegada més ben preparats i seguint un entrenament específic, van anar reduint aquest temps. I, en aquesta modalitat, Fully és l'Olimp. Des de fa un parell de dècades, els corredors de tots els nivells han considerat aquesta cita una prova irrefutable per demostrar qui eren a partir del resultat obtingut. Tothom hi ha passat. Des de l'elit més exclusiva, intentant esgarrapar uns segons impossibles, fins als avis satisfets per no haver perdut gaire amb el pas dels anys. I també els més joves, afamats, menjant-se minuts any rere any.

Una hora abans de la sortida ja comences a escalfar. Vas trotant sense perdre de vista els altres corredors, i els veus enfilar-se entre un paisatge de vinyes. Vas al punt d'inici i deixes la jaqueta en un racó, a terra. Mires amunt i veus davant teu dos rails de tren paral·lels, que conflueixen en un de sol, allà dalt, tot recte, mil metres més amunt. Quan el rellotge indica que ja queda poc per a l'hora de la teva sortida, t'incorpores a la filera de participants i et vas posant al dia del que ha passat al poble l'últim mes. Vas avançant, fins que el que tens davant teu et deixa amb la paraula a la boca, perquè ja estàs concentrat en el compte enrere de la sortida. Quan arriba el teu torn, et trobes tot sol al davant del camí observant els amics amb qui estaves xerrant fa una estona —sobre la collita de l'estiu a Valtellina o sobre els resultats de la cursa del cap de setmana anterior—, que ara es comencen a allunyar verticalment. Ara ets tu qui talla la conversa amb la persona que tens al darrere. Et concentres en el teu compte enrere. Ja! Surts ràpid, però sense excitar-te gaire. Busques el teu ritme. Cada passa és una conquesta i penses que quan tornis a alçar la cama per fer un pas més vomitaràs. Veus passar els cent, els dos-cents, els tres-cents metres. No t'adones que han arribat els sis-cents, els set-cents, els vuit-cents. Desitges tocar amb els dits els nou-cents. Vols esprintar, però n'ets incapaç, perquè tens les cames plenes d'àcid làctic. Alces el cap, l'abaixes de nou i caus a terra. Veus passar sota els ulls la línia blanca. Respires fondo, els pulmons explotaran, seràs incapaç de recuperar el ritme normal, no podràs parlar fins que tot torni a la normalitat. T'aixeques, amb les cames pesants i inflades com uns bidons, per saber el temps que has fet, anotat a la pissarra que han enganxat a la paret. Et guardes per a tu la satisfacció o la frustració.

Quan corres contra tu mateix, el guanyador o el perdedor sempre és intern. Amb l'alegria o la decepció interioritzada, comences a baixar tranquil·lament amb els altres corredors. Penses en les castanyes torrades que t'esperen a baix quan hi arribis. Ja tindràs temps més tard per reflexionar.

Pierra Menta, el mite de la tradició

L'olor de formatge *beaufort* impregna els passadissos del VTF, una residència *tout compris* una mica decadent, com tantes altres que hi ha en les estacions d'esquí franceses. Cada any, durant la segona setmana de març, les seves finestres són una exposició de granotes d'esquí de colors llampants. A la terrassa, les cerveses refresquen l'escalfor del sol, que comença a picar de valent després de les setmanes més fredes de l'hivern. A les habitacions, les ampolles d'aigua queden buides, mentre els corredors, estirats al llit, comencen a estirar les cames o a fer-se massatges per recuperar-se de l'esforç de l'etapa. Són les deu del matí d'un dia de mitjan març del 2018, i aprofiten la jornada a la seva manera, amb la sensació que ja han fet la feina. Bé, no tots. Encara n'hi ha que s'enfilen per les muntanyes del voltant intentant passar el tall horari per tornar a sortir de nou, l'endemà de matinada. Ja ho diu un amic meu, que a la Pierra Menta hi ha tres categories: l'*elit* que busca un graó al podi; el *poble*, que lluita per una posició a la primera pàgina de la classificació; i el *folklore*, que prou fa per acabar cada dia l'etapa, durant els quatre dies que dura la cursa. Ell té la sort d'haver format part, durant els més de trenta anys de la cita d'Arêches-Beaufort, a la Savoia, de les tres categories, totes imprescindibles i agermanades en aquesta cursa que s'erigeix en obra mestra de l'esquí de muntanya.

Hi ha coses que necessiten canviar per progressar, i d'altres que sempre són iguals, i és aquí on tenen l'encant, perquè ens traslladen a un passat en què crèiem que tot era millor. Amb el vernís de la decadència i la tradició, la Pierra Menta ha sabut convertir-se en una prova mítica. Tots els errors que no toleraries enlloc, aquí els acceptes amb simpatia, perquè formen part de la singularitat de la cursa. És justament per això que és la millor, perquè ens recorda un temps en què l'esquí de muntanya era una aventura, difícil i extrema. Com en qualsevol pelegrinatge, conserva uns costums que es repeteixen any rere any. Penso en les tardes al VTF, les granotes als balcons, el capellà tocant l'harmònica per agrair la visita a la seva parròquia, les muntanyes de Beaufortain. També en el Daniel esperant-nos quan s'acaba cada etapa, amagat i discret rere els fans i els periodistes, per agafar-nos els esquís i, sense demanar res a canvi, encerar-los i preparar-los per a l'endemà, només per tenir la satisfacció íntima d'haver intervingut perquè puguem pujar al podi. És anar el dijous, després de la segona etapa, a la petita botiga de queviures que hi ha al poble per buscar una reserva de galetes per fer passar millor la tarda i recuperar l'energia, que comença a faltar després del segon dia. És trobar-se la Laurence i els mateixos voluntaris cada dimecres quan vas a buscar el dorsal. És el Pierre-Yves controlant que tots els corredors portem l'ARVA, l'aparell que emet el senyal perquè et trobin si et sepulta una allau, abans de deixar-nos entrar al corral de sortida, després d'haver-se llevat a les tres de la matinada per traçar el recorregut guiant-se per la llum del seu frontal. Són tots aquests *déjà-vu* que ens arrenquen un somriure còmplice, perquè ens fan sentir que nosaltres també formem part de la Pierra Menta.

Per desgràcia, aquest any no faig companyia als altres corredors menjant la polenta el diumenge a la tarda a la sala d'Arêches-Beaufort. Sóc a tres-cents metres, a l'ambulatori, estirat mentre el doctor m'ensenya unes radiografies.

—Es veu molt clara la fractura del peroné. Quan et baixi la inflamació del turmell, hauries de fer-te una ressonància magnètica per assegurar-te que no tens cap lligament trencat. Ja saps que en aquests casos normalment hi ha algun problema més.

Qui m'ho havia de dir, ahir al vespre, quan ja em veia celebrant la victòria. No estic decebut, no. Ara sé que és només una fractura òssia, que no sol comportar complicacions. Estic convençut que, tot i que he de cancel·lar una expedició i les curses de l'inici de la temporada, d'aquí a no gaire estaré entrenant de nou i pujant muntanyes. Estic trist sobretot pel Jakob Hermann, el meu company, que participava per primer cop en aquesta competició i s'ha quedat sense guanyar-la per culpa de la meva caiguda.

Era una última jornada fantàstica, amb unes condicions difícils. Els organitzadors, fent bona la marca de la casa, no havien tirat per la via fàcil i havien traçat uns recorreguts que endurien la cursa, amb més baixades sobre neus inesquiables. La compenetració que havia trobat amb el Jakob era perfecta, tot i que era només la segona cursa que fèiem junts. Abans de començar l'última etapa, anàvem líders, amb poc més de tres minuts d'avantatge, però ens sentíem cada vegada més forts perquè vèiem que els rivals anaven perdent l'empenta. Havíem començat el matí sortint tranquils, però com que a les pujades vèiem que anàvem sobrats, hem tirat amb força per no haver d'arriscar baixant. Quasi sense voler, havíem agafat tres minuts d'avantatge als perseguidors a la penúltima pujada. Nevava fort, però això no impedia als milers d'espectadors, que com nosaltres pelegrinen cada any a la cita per donar-nos forces, aguantar amb estoïcisme. Aixequem els braços i provoquem que es doblin els decibels pels crits i les mans que piquen.

Comencem la baixada i anem fent girs amples, no anem ni massa ràpids ni massa lents. I, en un d'aquests girs, sento que un esquí s'acaba d'enganxar sota la neu, que es queda clavat, i el meu cos comença a caure sobre el costat. M'aixeco immediatament i tiro avall pel pendent, però quin mal que em fa quan repenjo el pes a la cama. Vaig baixant com puc sense carregar gaire pes a l'esquerra, i, quan arribo al canvi, el Jakob m'espera a punt per pujar. Mentre m'ajuda a posar-me les pells de foca, li dic que he pres mal, no sé si poc o molt, però que hi ha alguna cosa que no va a l'hora. Pujant, sento que el dolor m'impregna tota la cama. «Deu ser el genoll? Un os? Els lligaments?» Provo de fer els passos sense patir; per un moment, sembla que amb l'escalfor de l'esforç el mal minva, però al cap d'uns dos-cents metres de desnivell comença un tram amb girs i sento que, quan tombo la cama, no puc tornar-la a posar a terra, escolto un clec-clec a cada passa i noto que en posar pes a la cama alguna cosa es deforma per dintre. El Jakob em vol ajudar, però no hi ha res a fer.

—Vols que pleguem?

—No —li contesto—. Seguim, que amb l'escalfor crec que aguantarà, només queden cent o dos-cents metres per arribar allà dalt.

Continuo una mica més. Els altres encara no ens han atrapat, però ara ja els veiem a prop. Cada passa em provoca un crit de dolor, tot i que procuro ofegar-los. Recorro uns quants metres més i ja tinc la certesa que no puc continuar. La cama no m'aguanta el pes, el mal que em fa em mareja. Som a pocs metres d'atrapar el somni, però a una distància sideral de tocar-lo amb els dits. M'abandono a un costat de la traça i veig com passen els corredors, cadascun de camí a la seva victòria particular.

Vaig venir per primera vegada a la Pierra Menta per disputar els quatre dies de cursa quan tenia només vint anys. Era la primera temporada que estava en la categoria absoluta i tenia molta força i poc control. Havia començat amb una quarta posició a la primera prova de la Copa del Món, però havia marcat el ritme als corredors més experimentats, que van aprofitar l'última baixada per passarme la mà per la cara. Em vaig quedar al peu del podi. A la segona cursa, al Valais suís, vaig ser la gran sorpresa, perquè vaig avançar el corredor local Florent Troillet a l'última pujada i em vaig penjar els llorers per primera vegada, després de superar dos dels meus ídols, Florent Perrier i Guido Giacomelli. En acabar la cursa, el Florent Troillet em va venir a veure i em va preguntar si tenia equip per participar a la Pierra Menta. Jo, que no li vaig agafar la indirecta, li vaig contestar que m'encantaria anar-hi, que potser trobaria algú de l'equip espanyol o francès que hi volgués córrer. Ell és una persona tímida i no parla gaire, cosa que a mi sempre m'ha agradat, i potser és per això que vam fer molt bon equip els anys següents. No em va dir res, i es va crear aquell silenci tan molest quan esperes que l'altre digui alguna cosa i se't queda mirant directament als ulls. Va trigar un minut a dir-me si volia córrer amb ell. Jo saltava d'alegria, metafòricament: un dels millors corredors del moment volia disputar la cursa més important del món amb mi!

Quan vaig arribar a Arêches-Beaufort, nevava de valent, i, amb el Florent, de seguida vam anar a esquiar per estirar les cames. Al cap d'una hora em va dir:

—Què et sembla si faig unes acceleracions?

Què li havia de dir, jo? Endavant! El vaig seguir en les quatre o cinc acceleracions i vam baixar a l'habitació on havíem de passar junts els dies següents. L'endemà va sortir el sol i no es va amagar ni un moment al llarg dels quatre dies.

No parlàvem gaire, ni durant les etapes, on de tant en tant ens dèiem coses com ara «*On y va tranquille et on accélère doucement*» en començar una pujada, i poc més. Tampoc parlàvem gaire durant les llargues tardes a l'habitació. Ens explicàvem alguna anècdota, alguna curiositat dels entrenaments, compartíem algun pensament per trencar el silenci molt de tant en tant... De vegades no cal parlar per sentir-te bé amb algú.

Des del primer dia, sabíem el que volia l'altre sense la necessitat de la paraula. Si a un li calia afluixar una mica o volia un ritme més alt, si li feia falta beure o prendre un glaçó. Que l'ajudessin o que ajudés. Si volia estar tranquil o xerrar. És ben cert allò que deien els més veterans, que a les curses d'esquí de muntanya emprenen la sortida dos amics, però creuen la línia d'arribada dos germans. En el nostre cas, podíem firmar aquesta idea.

Sense excitació, sense voler-nos-ho creure, vam guanyar la primera etapa, l'endemà la segona i el tercer dia vam repetir. El quart vam sortir sense tenir-les totes. És una cursa tan llarga, que fins al final pot passar de tot, encara que portis avantatge. Però, per sort, no va passar res, i quan vam veure l'arc per última vegada ja ens ho vam voler creure. El que vaig sentir era fe-li-ci-tat. És una sensació que es pot manifestar de moltes maneres. És un formigueig que puja des de les cames lentament, fins que t'arriba al cor i allà explota en forma d'adrenalina. Se't podria trencar una cama i no sentiries cap mal. Ni que clavessis cops de puny a un mur de pedra. Del cor salta al cap i t'ocupa tot el cos. En les curses per equips, la felicitat, quan arriba, és especial. Tens l'*ego* ple, però l'adrenalina es dissol en una forma d'amor, perquè has compartit moments importants i sobretot perquè has ajudat algú a ser feliç. Aquell moment va ser l'inici d'uns anys dolços. Vam formar un equip temible, amb el Florent, i individualment vaig començar a menjar-m'ho tot, tant esquiant com corrent.

Ara les trobo a faltar, totes aquelles sensacions. Les vaig sentir per primer cop l'any anterior a aquella Pierra Menta, quan vaig renunciar a la categoria júnior per participar en l'última prova de la Copa d'Europa en categoria absoluta, i amb la victòria inesperada vaig advertir per primer cop que podia arribar lluny i guanyar curses de les bones. Les vaig tornar a experimentar a Valerette, a Suïssa, a la primera Copa del Món. Després ja va arribar la primera Pierra Menta, el primer any competint a la Copa del Món de Skyrunning, aquella Zegama acabat de sortir de l'adolescència i algunes curses més els anys següents.

A poc a poc, no obstant tot això, em va començar a baixar la trempera quan tallava la cinta de la meta, l'adrenalina ja no em pujava tant quan acabava una cursa. No em quedava amb la borratxera de la felicitat incorporada, i cada vegada més m'anava conformant a quedar satisfet i prou. Moltes vegades amb la satisfacció n'hi ha prou, però quan els sentiments tan forts s'han convertit en rutina, la felicitat et sembla mundana i planera. No és suficient. Ho deia molt bé Mazoni a la cançó: «No n'hi ha prou amb la felicitat, exigim eufòria».

Una vegada, després d'haver buscat la sensació perduda, em vaig adonar que era millor deixar-ho córrer, abandonar la recerca. La reminiscència del benestar passat, penso ara, ens oculta les possibilitats del present. Com passa sempre, d'un bon record en queda un bon regust, i el nostre cervell ja es cuida prou d'anar arraconant tot el que fa nosa. No cal mantenir la trempera alta per deixar-te la pell en una cursa, fins i tot si saps que quan arribis, ni que sigui després d'una lluita intensa en una competició de primer nivell, el màxim que sentiràs serà la satisfacció de constatar que encara estàs en forma. Això és més que suficient per donar-ho tot.

Quan tens aquesta revelació, et treus un gran pes de sobre, perquè implica que, encara que no hi hagi eufòria, no hi haurà decepció. Buf, com me'n recordo ara, de les ploreres a Baqueira en aquella primera Copa del Món, que em vaig trencar la bota a l'última baixada quan anava primer i no vaig poder pujar al podi. Ostres, com em pensava que no aixecaria mai més el cap l'any següent, quan

FONS: Entrenant amb l'Ueli Steck i l'Hélias Millerioux al Khumbu, Nepal.

FOTO: L'emoció de guanyar una cursa que poc abans semblava un somni impossible. A Valerette, al Valais suís, en passar l'arribada de la meva primera victòria en la Copa del Món d'esquí de muntanya l'any 2007.

FONS: Escalant un cim de 7.000 m al nord de l'Everest per baixar-lo esquiant. Quan la muntanya que vols pujar et diu que no, sempre hi ha altres coses a fer pels voltants.

DRETA: En passar la rimaia del coll nord de l'Everest després d'escapar de la tempesta i les allaus amb en Jordi Tosas i en Seb Montaz.

ESQ.: Baixant tot lliscant, amb el Changtsé al davant, quan vaig arribar a l'aresta nord de l'Everest després de passar la nit perdut a la cara nord.

KILIAN JORDI I SEB
EVEREST AVALL!

FONS: Córrer a la muntanya és una sinergia entre el moviment, el paisatge i el moment. Romsdal, Noruega.

ESQ.: Des de ben petit que m'agrada dissenyar materials nous, com aquestes vambes per anar a la muntanya, amb esquís, grampons… que vaig dibuixar amb set anys.

DRETA: Després de més de 56 hores corrent, vaig trobar l'Emelie a l'últim cim de la meva aventura, i junts vam completar el viatge.

LES MEVES VAMBES
L'EMELIE

El Seb buscant-me
Romsdal, Noruega

FONS: Buscant el moviment continu jugant amb el dia i la nit.

DALT: En Seb observant la muntanya, buscant-me mentre baixava. Als esperons de l'esquerra, vam intentar pujar-hi l'estiu del 2017.

SOTA: Escalant per Romsdal, Noruega. Els dies d'hivern són curts i ofereixen unes muntanyes salvatges i intenses.

FONS: Observant Shigatse, al Tibet. Tradició, desenvolupament i muntanyes, cada viatge és una immersió al passat, al present i al futur.

FOTO: Entrenant i aprenent de l'Ueli Steck en un cim del Nepal.

comandava amb més de dos minuts de coll uns mundials i vaig trencar les fixacions al primer gir de la baixada. Merda, quina emprenyada que vaig agafar, em vaig passar una setmana sencera renegant. Quina dolçor, ara, recordant les frustracions.

El que en realitat em fa tornar any rere any per fer els pelegrinatges no és la recompensa *egocional*, sinó la satisfacció immediata, l'aroma de Beaufort, les tardes al solet a la terrassa del VTF. Pujar per l'aresta del Grand Mont, afilada i salvatge, i sentir el rum-rum de la gent que s'acosta.

És la combinació de totes aquestes petites coses, i de moltes altres, el que busquem i ens fa reincidents. La victòria és la cirereta amb què corones el pastís. Però no oblidem que el que realment importa és que el bescuit sigui tendre, que la melmelada sigui de primera, perquè, al cap i a la fi, de cirereta només n'hi ha una, i només toca a una persona quan es talla el pastís. Al cap dels anys, ni un mateix en recorda el sabor, però tothom té ben present el regust dolç de la melmelada.

No, no vaig participar als Jocs Olímpics

Era un dia d'aquells que tornes a casa amb una gana que tomba, després d'haver passat tot el dia a fora. Em vaig preparar en un plis-plas unes torrades amb formatge i me les vaig començar a menjar abans d'arribar a la taula. Hi havia deixat l'ordinador obert i sentia com començava la retransmissió:

—Bon dia a tothom! Quin dia més emocionant que estem a punt de viure, i, com sempre, som aquí per retransmetre'l en directe des de l'NBC. Bon dia, Kristine! Oh, quina emoció, avui, en aquest magnífic estadi olímpic de Doha. Falten pocs minuts per a la gran final i ja fa estona que és ple. Mira que se n'ha parlat tota la setmana, i ara, per fi, ja hi som!

—I tant, Matt, ja pots ben dir-ho. I nosaltres aquí per explicar-vos-ho tot, des de l'NBC, com hem fet cada jornada durant aquests Jocs Olímpics. D'aquí a pocs minuts, començarà la final de *skimo*, que, n'estic convençuda, serà una de les més disputades que hem vist mai.

»Ja tenim aquí els cinc finalistes, que surten a la pista d'escalfament. Això està a punt de començar, però, mentre els esquiadors fan les últimes preparacions, és amb nosaltres un dels fans més entregats a aquest esport, William Dop. Com que ha guanyat el nostre concurs d'Instagram, és l'afortunat que podrà seguir la final des d'aquí, al nostre estudi just al peu de l'estadi olímpic. I on és? Sí, esclar, a la grada VIP de McDonald's, l'espònsor principal dels Jocs i també, com ja sabeu, del nostre programa. Saludem ara el William, que ja és davant el micròfon!

—Bon dia, Kristine, moltes gràcies per aquesta oportunitat. I per les hamburgueses, he, he. M'estic desfent de l'emoció.

—Will, perdona que t'interrompi. Tu ets de Houston, Texas, oi? Com dimonis un texà ha acabat sent un dels fans més fans de l'esquí de muntanya?

—Mira, Matt, jo no havia vist mai ni l'esquí ni la neu fins fa quatre anys quan, navegant per YouTube, vaig anar a parar a un vídeo de la final dels últims Jocs Olímpics, d'esquí de muntanya, i, coi, me'n vaig enamorar! Quina potència, aquests atletes! Et diré una cosa si em permets: aquests sí que són atletes de veritat. Es necessita un entrenament molt intens per arribar a fer el que fan.

—I tu has practicat mai l'esquí de muntanya, William?

—He, he, he. Però tu m'has vist, Kristine? I tant que no! No tinc la capacitat per superar cap dels obstacles d'aquest esport. De fet, avui és la primera vegada que presencio una competició en directe. Però he vist totes les que he trobat a internet, segueixo tots els corredors als seus comptes a les xarxes i els conec els entrenaments i les debilitats.

—I amb aquesta experiència, com veus la final? Qui veus més capaç de guanyar l'or olímpic?

—Crec, Matt, que serà una final molt renyida, però em fa l'efecte que el guanyador serà Reirrep. Està fent una temporada ascendent, cada vegada va més fort, crec que s'ha preparat aquests Jocs d'una manera brutal... Tot i que Gui sembla que està espectacular, jo no el veig campió; encara li falta experiència. Ha anat massa fort al principi de la temporada.

—Moltes gràcies, Will. Deixem ara que continuïs a la grada de McDonald's per poder seguir aquesta final sense perdre'n cap detall.

—Kristine, veig que els corredors es van col·locant a la línia de sortida. Ens els presentes?

—Doncs sí, i tant. Al carril 1 tenim Francis Reirrep, representant els Estats Units d'Amèrica. Són els seus segons Jocs Olímpics, i, tot i un inici de temporada discret, ha anat creixent fins avui. Serà un dels corredors amb més possibilitats, i esperem que pugui superar el bronze olímpic que es va penjar fa quatre anys.

»A la seva esquerra, al carril 2, just ara s'està col·locant la motxilla Gui Odiug, la jove promesa italiana, que ha fet un inici de temporada espectacular en el seu primer any a l'elit. Les sis victòries sobre vuit curses el donen com a favorit avui, però la fatiga i la poca experiència seran la seva bèstia negra?

»Aquests problemes no els tindrà Yuan Remle, al carril 3, el veterà corredor xinès, actual campió olímpic. Tot i l'edat, trentaset anys, i una temporada discreta, ha aconseguit classificar-se per a la final altre cop. I amb això ja ha encadenat quatre Jocs Olímpics seguits! Encara manté el rècord mundial de punts en una temporada en 13.530, el 2030.

—Perdona que t'interrompi, Kristine, però crec recordar que fins i tot havia participat en competicions *outdoor* als seus inicis i, com deies, l'any 2030 va tancar una temporada espectacular. Va guanyar totes les proves de la lliga mundial!

—Sí, Matt, exactament. Yuan va ser el primer atleta que va construir una reproducció del circuit del que encara s'anomenava *esquí de muntanya* al pavelló de Beijing. Allò li va permetre perfeccionar els moviments i una mímica en les transicions que deixava els seus rivals mirant-se'l a una distància d'anys llum. No va ser fins passat l'equador de la campanya que els rivals li van descobrir l'estratagema, i va ser a partir de llavors que van començar a proliferar a les grans ciutats els estadis on es practica l'esquí de muntanya.

»Sens dubte, un dels grans visionaris d'aquest esport.

—Parlant d'història. Al segle XX, aquest era un esport minoritari que s'anomenava *esquí d'alpinisme*, i va passar, ja al segle XXI, a anomenar-se *esquí de muntanya*, i va començar a abandonar les muntanyes per apropar-se a la gent a les pistes d'esquí. Sens dubte va ser un pas definitiu abans d'arribar a l'*skimo* actual, que es pot disputar en qualsevol estadi d'una gran ciutat.

—Però deixem la història, Matt, i continuem amb els candidats, que ja queda poc temps per a la sortida. Al carril 4 hi trobem Fah Idlarem, corredor local que, sens dubte, amb el suport de l'afició, ha tret la força necessària per arribar a la final. De fet, és la primera vegada en la seva carrera que aconsegueix arribar a una final, sigui en les sèries mundials o en uns Jocs. Jo crec que, per a ell, haver arribat fins aquí ja és un èxit, però queda clar que en aquest esport no se sap mai el que pot passar.

»Un dels atletes amb més seguidors a les xarxes és al carril 5. Parlo de Johanes Essorb, noruec, guanyador de les sèries mundials l'any passat. Aquesta temporada ha estat un pas per darrere de Gui, però té més experiència i segur que la farà valer.

»I, per acabar, l'últim finalista, l'alemany Josh Regechier, un corredor molt sòlid. No fa grans exhibicions, però suma al seu palmarès divuit victòries en sèries mundials. Li falta completar el seu historial amb una medalla olímpica. Se'n sortirà?

—Gràcies, Kristine, per aquesta anàlisi exhaustiva dels finalistes. Hem de tenir en compte que tots tenen més de 10.000 punts de mitjana per primera vegada en la història d'una final. Una autèntica brutalitat!

»I, sense perdre temps, perquè queden pocs segons, repassem el circuit que es trobaran els atletes per als que no el coneguin. Després d'un esprint inicial de cent metres, arriba el primer obstacle, una pujada del 50%, pura explosivitat per als quàdriceps. El segon obstacle és la cascada de gel, els deu metres que els atletes hauran de superar amb la força dels braços. A continuació, el tercer obstacle, una altra pujada, ara del 30%, però aquí la neu és gairebé gel i els corredors han de demostrar destresa tècnica i la feina de *core* per mantenir-se sense caure. El quart obstacle és un tram a peu, amb els esquís a l'esquena, perquè han de ser molt ràpids fent aquesta transició, i després tot és explosivitat absoluta per córrer amunt. Arribem al cinquè obstacle, un dels més exigents, on els atletes han de recórrer una aresta estreta, que es mou, i a més el fort vent fa perdre l'equilibri. Arribem aleshores a la part més alta, on hauran de treure les pells de foca tan ràpid com puguin per llançar-se a la baixada, de cent metres. Hi trobaran els tres últims obstacles: el bosc, un tram de baixada amb perills i sorpreses, l'*skicross*, amb revolts peraltats i on poden sortir disparats, i, per acabar, just abans de creuar la línia, el Big Jump, un salt de deu metres d'altura.

»Una cosa ens ha de quedar clara: només aquests superatletes, aquests prodigis de la natura, són capaços de superar tots aquests obstacles. I a sobre en poc més de tres minuts!

—Molt ben dit, Matt. Mentre esperem el tret de sortida, recordem el canvi que va fer aquest esport fa deu anys, quan es va instaurar aquest espectacular circuit, inspirat en un popular programa anomenat *Ninja Warrior*. Hobie Hurly va ser un autèntic visionari, que va convertir l'ancestre de l'esquí de muntanya en el que és avui, inspirant-se en els casos d'èxit i els espectacles esportius que triomfaven a les xarxes socials. Així, paf, l'esport va passar de ser una pràctica de nínxol que es disputava en zones remotes allunyades de les ciutats a convertir-se no tan sols en una disciplina olímpica, sinó en l'esport d'hivern amb més seguidors a YouTube. Més de deu milions de persones segueixen en directe cada competició!

»Avui segur que sou molts més, els espectadors que us heu connectat a l'NBC. I, amb McDonald's, us demanem silenci. Ja està, ja està... un sospir i comencem! Endavant, Matt!

—Tret de sortida!!! Bona arrencada de Gui Odiug. Quina potència! Gairebé un metre per davant dels rivals. Arriba el primer obstacle, i uiii... Gairebé no sembla que faci ziga-zagues, salta d'una cama a l'altra. Al darrere hi ha una lluita aferrissada, terrible, entre Reirrep, Essorb i Regechier. A Remle li està costant aquesta sortida tan ràpida, i sembla que Idlarem es comença a despenjar. Odiug arriba a la cascada. Quin canvi, mare meva! Tan sols quatre segons i trenta-cinc centèsimes per col·locar-se els grampons! I amb dos salts ja és a dalt! Potència pura. Ai, quina llàstima. Reirrep ha tingut un problema amb un dels grampons i ha perdut un parell de segons preciosos. Aquí potser s'ha jugat continuar a la batalla per la medalla. Remle l'atrapa. Gui segueix al capdavant i ja està arribant al tercer obstacle, la pujada de gel. Tan sols quaranta-quatre segons abans d'atacar-lo. Com clava els cantells dels esquís al gel, no havia vist mai res semblant. Ai, atenció! Reirrep està atacant molt fort i ja ha avançat Regechier, li ha passat la mà per la cara. Ara està a punt d'atrapar Essorb, que es manté segon. Impressionant, Odiug, que sembla que disputi una cursa a part. Ja els ha guanyat cinc metres abans d'arribar a la meitat de la prova. Arriben al tram a peu. Atac! Atac impressionant d'Essorb, que, aliant-se amb Reirrep, sembla que retalla temps a Gui.

—Sí, li han pispat dos segons. Gui els té només a tres segons!

—Seguim... Atenció amb aquest obstacle, l'aresta, una dificultat més tècnica que física. Gui hi entra molt ràpid i, ai!, gairebé cau amb el primer cop de vent. Continua més a poc a poc, amb seguretat, això sí, però no pot evitar que el nord-americà i el noruec arribin a la seva altura. I mare meva! Quina habilitat, quina destresa. És aquí on es demostra la veterania de Remle, que ha superat l'alemany i ha recuperat tres segons al trio del davant.

»Ja els trobem al canvi. A Essorb només li han fet falta quatre segons per començar a baixar! Però ja nota l'alè dels perseguidors al clatell. Atenció, la gent crida. Què ha passat, Kristine?

—Que Idlarem, l'ídol local, acaba de caure a l'aresta. No podrà acabar la cursa, tot i la bona actuació que havia fet fins ara.

—Quina llàstima! Però la cursa continua. I la part davantera està molt interessant. Quatre corredors que encara tenen possibilitats de victòria. Atenció, em diuen des de la sala d'imatges que Reirrep ha efectuat una maniobra antireglamentària. Ho podem confirmar?

—Doncs sembla que sí, Matt. Reirrep hauria traspassat la línia blava de sortida del canvi amb un dels quatre pals sense tenir posada del tot la dragonera del bastó. Quina pena, perquè amb la penalització de quatre segons sembla que se li escapa definitivament l'opció de guanyar.

—Al davant continua Essorb, amb Gui a pocs centímetres de les cues dels seus esquís. Remle encara té també possibilitats de guanyar. Fa la sensació que baixin per una pista d'esquí, tots tres han superat el bosc com si res. I, quasi! En una maniobra arrisca per superar Essorb, Odiug quasi que cau, però ara mateix se situa líder! Sembla que Remle es conforma amb la tercera posició. Gui o Johanes, Johanes o Gui, arribant al Big Jump. Qui serà el nou campió olímpic? D'aquí a pocs segons ho sabrem! Tots dos atletes estan en paral·lel ara mateix, quan s'encaren al gran salt. Atenció, que es toquen a l'aire… Sembla que els seus braços s'estan tocant, i… Gui a terra, Gui a terra! No pot ser! Essorb guanya l'or olímpic!!! Enorme, nou rècord mundial del circuit en tan sols tres minuts i vint-i-dos segons! I quina classe… Remle, que al final es troba una medalla de plata just davant d'Odiug, que ho ha intentat, que ha sortit sense por i ha imposat un ritme brutal, però brutal, des del tret de sortida. Llàstima que s'ha desequilibrat quan ha fet el salt final, segurament per la fatiga de l'inici, però aquest noi escriurà un capítol d'or de la història d'aquest esport. Oi tant, que ho farà. Quina final, amics i amigues, quina final! Sens dubte, la més ràpida i emocionant que jo he vist mai!!!

Tot just m'havia acabat de menjar una torrada, però ja tenia ganes d'untar-me'n una altra amb melmelada.

Sierre-Zinal, la més bella cursa de muntanya

Queda poc perquè el sol comenci a despuntar i, en l'ambient fred i somnolent de la matinada, se sent una remor de passes ràpides i de veus mig adormides. Unes de les passes són les meves. Com cada any, m'he hagut d'afanyar per no encantar-me i agafar l'autobús abans que tanqui les portes. Vestit amb roba de cursa i una jaqueta per sobre, busco un seient lliure. M'assec en un que trobo cap al final i gairebé alhora el bus es posa en marxa. Quasi no se sent res, però els revolts continus de cent vuitanta graus de la carretera entre penya-segats no ens permeten endormiscar-nos. Tot i la perícia del conductor, triguem cinquanta minuts per recórrer els vint-i-quatre quilòmetres que separen el poble de Zinal, al final de la glacera on moren les valls, i Sierre, la ciutat de la plana del Valais, on les vinyes, la indústria, els castells medievals i el soroll de l'autopista contrasten amb els camps verds puntejats amb petits poblets i el silenci, que només trenquen els rius que baixen dels cims alts, nevats. Vaig agafar aquest autobús per primer cop fa deu anys. Quins nervis, llavors! Estava tan excitat i em feia tanta por el fracàs que no havia dormit en tota la nit. És curiós comprovar com l'esport m'ha canviat la personalitat en aquest temps. Abans de convertir-me en la persona calmada que sóc ara, que emprèn amb sang freda un gran objectiu, era un sac de nervis que es passava els dies de cursa a tres mil revolucions.

Quan tenia disset anys, es van celebrar els campionats d'Europa d'esquí de muntanya a Andorra. Com que era a prop de casa, i per a sorpresa meva havia sigut campió del món cadet l'any anterior, volia guanyar i percebia que tothom desitjava que ho fes. M'havia preparat de manera minuciosa, m'havia entrenat com mai i fins i tot algun dia havia sortit de Montellà amb els esquís a l'esquena i havia anat a la vall de la Llosa en bicicleta, i des d'allà, caminant i amb esquís, havia saltat a Andorra pel Montmalús per trepitjar Canillo i entrenar un parell de vegades la cursa vertical abans de tornar a casa.

Va arribar el dia de la cursa i, sense haver pogut dormir, vaig anar a la sortida amb la resta de l'equip amb una hora de marge. Després d'escalfar a un ritme elevadíssim, ja estava a punt per començar. A sobre, els corredors d'aquella cursa vertical sortien d'un en un, i amb això més tard em va ser impossible saber si anava prou ràpid —no podia aplicar cap estratègia—, hauria de donar-ho tot des del començament fins al final. La cua abans de sortir s'anava escurçant. Tot i que ja m'havia tret els cascos i no sentia cap de les deu cançons que havia seleccionat per motivar-me, no aconseguia percebre res del que passava al meu voltant. Només distingia els pip-pip-pip que marcaven, cada minut, l'inici del recorregut dels altres cadets que tenia davant meu. El cor em bategava cada cop més de pressa, i un sobresalt m'estrenyia el cor amb cada nou pip. Quan el corredor que em precedia va accelerar a gran velocitat i em vaig quedar sol davant la línia vermella marcada amb esprai sobre la neu, em va semblar que el cor se m'aturava. Va baixar el ritme dels batecs, a poc a poc, però sentia cada pulsació com si una bomba explotés davant meu. No sé què em va dir l'àrbitre, no el vaig entendre. Pip! Vaig mirar endavant per primera vegada, intentant estimar la velocitat a què avançaven els rivals. Pip! Feia fred, però les mans em suaven; a cada batec, el cos em tremolava. Pip! El senyal indicava la sortida i vaig sentir que les cames perdien tota la força, patia per no caure estès. Però no. Sense ser-ne conscient, les extremitats van reaccionar, vaig advertir que els músculs s'activaven i es contreien com ho havien fet sempre. Vaig sortir ràpid. Molt ràpid. Massa ràpid. Vaig fer un esprint de cent metres, en el qual em vaig deixar la pell, però la cursa era de mil metres de desnivell, i al cap de poc vaig començar a pagar el preu de l'estupidesa d'aquell esforç innecessari. Per fortuna, al final vaig poder recuperar-me una mica i reparar els estralls d'aquella sortida feta amb massa excitació, més dirigida pels nervis que pel cervell, i que gairebé em va fer perdre la cursa.

Ara, a l'autobús, em costa mantenir-me despert. Tot i que tinc ganes de competir, no queda cap traça del nerviosisme i el neguit d'anys abans. Per despertar-me una mica i començar a posar-me dins de la cursa, faig una repassada del recorregut, que conec bé després d'haver-hi participat vuit vegades.

Si hagués de descriure la cursa de muntanya que no m'agradaria córrer, segurament diria que és una de curta, amb molt poca baixada i molt tram de camí per córrer o una pista ampla, i amb molts quilòmetres de pla. Sense cap pedra al camí ni terreny tècnic, que passés a prop de cims d'aquells que et criden perquè hi pugis, però que només serveixen de decorat, perquè has de córrer per les seves faldes sense apropar-te a les parts més altes. Si una cursa es mou dins de tots aquests paràmetres és Sierre-Zinal. I, curiosament, estimo Sierre-Zinal amb bogeria.

Suposo que el que m'entusiasma d'aquesta prova és just això. Es disputa en un terreny on no em sento a gust, on sé que m'he d'enfrontar als meus punts febles com a corredor i lluitar contra aquestes mancances per guanyar. És el que dóna sentit, per a mi, a la competició. Buscar la dificultat i abraçar-la. I és per això, perquè té un recorregut oposat al que m'agrada, que l'afronto com un repte que té tots els ingredients perquè em fascini. L'organització és perfecta, sublim, i té una història llarga. Els millors especialistes del món s'hi reuneixen cada any i formen una barreja estranya de corredors de muntanya i també d'asfalt: *skyrunners* i orientadors es troben allà, en un terreny favorable i desfavorable alhora per a cadascú. És una cursa massa plana per als que som feliços en les crestes més altes. Hi ha massa pujada per als que corren els quaranta-dos quilòmetres per sota les dues hores i deu minuts. És massa llarga per als corredors de muntanya o els orientadors. Massa curta per als corredors de llarga distància. Ja es veu prou que, amb aquesta barreja d'estils dels participants, és l'escenari perfecte per a l'espectacle i la batalla, i l'indesitjable per a cadascú de nosaltres. Per això té sentit que ens posem el dorsal.

A la línia de sortida es percep la barreja d'excitació alegre i nerviosisme. N'hi ha que somriuen i n'hi ha que estan tensos perquè proven de guanyar uns centímetres i situar-se a prop de la primera fila. A mi no m'agrada posar-me davant de tot, només m'hi col·loco si preveig complicacions sortint, si s'estreny de seguida o si penso que puc caure fàcilment. En general, m'estimo més situar-me a la segona o tercera línia. La gent surt massa ràpid i és habitual que hi hagi empentes o, a l'esquí de muntanya, algú et trenqui sense voler un bastó o et tregui una pell de foca de l'esquí. A més, a primera línia, el neguit dels corredors és més alt. Sembla que estiguis fent una activitat més rellevant del que ho és en realitat, i sempre hi ha el periodista que vol que facis una ganyota o que diguis alguna tonteria.

Sona la botzina i comença l'estampida. Passo de la tercera a la sisena o setena línia, tothom m'avança esprintant a cops de colze. Obro una mica els braços i em creo un espai per no perdre l'equilibri, prenc embranzida i agafo el meu ritme. Al cap de cent metres, la major part de la cinquantena de corredors i corredores que tenia davant redueixen el ritme estrepitosament, els avanço per un costat de la carretera i arribo al grup de davant.

Hem recorregut poc més d'un quilòmetre i agafem un camí molt dret de terra. Ens quedem sols una desena de corredors, que ja ens coneixem d'altres curses. N'hi ha un parell de kenians, dos de colombians, el Petro Mamu d'Uganda, el Robbie Simpson d'Anglaterra i algun altre corredor europeu i nord-americà. A la meitat de la pujada forta, el Petro, que tot just fa dues setmanes havia guanyat el campionat del món de curses de muntanya de l'Associació Internacional de Federacions d'Atletisme, la IAAF, comença a fer accelerades curtes però intenses per trencar el grup. Després d'un parell d'atacs, deixem que se'n vagi. «Queda molta cursa encara, i aquests esforços tan aviat els puc pagar més endavant», penso. Un dels kenians, Geoffrey Ndungu, l'especialista en curses de muntanya que ha corregut maratons en dues hores i vuit minuts, i William Rodríguez, un colombià que és un habitual a Sierre-Zinal, el segueixen. Al darrere, l'esforç és màxim, a cada pas els bessons acumulen àcid làctic i els pulmons demanen més espai dins el pit. El trio capdavanter s'ha quedat a poc més d'un minut i no guanyen més temps.

En arribar a dalt de la pujada, comença una llarga pista forestal planera. És aquí on normalment les meves cames pesants de corredor de muntanya em fan sentir un cargol envoltat de gaseles d'asfalt, però per a la meva sorpresa avancem ràpidament tots plegats fins que atrapem els tres primers atletes just a l'entrada de Chandolin, a l'equador de la cursa. Abandonem el poble i uns deu quilòmetres planers per senders i pistes ens conduiran fins al punt més alt de la cursa, prop dels 2.500 metres, a l'Hotel Weisshorn. És aquí on les cames em recorden que no sóc un corredor ràpid en aquests terrenys, sinó més aviat un tractor, i no puc evitar que els corredors de carretera comencin a volar amb passes aèries. Ignoro la veueta sàvia que em recomana que abaixi el ritme per ocupar la zona de confort, i segueixo lluitant contra la pesantor de les cames intentant allargar una mica cada pas, provant d'impulsar els peus més ràpidament. Durant un o dos minuts, lluito sabent que després de l'hotel ve un terreny més favorable per a les meves condicions, i en la petita pujada que hi ha just abans del punt més alt de la cursa avanço el William i el Petro, que sembla que estiguin pagant els esforços de l'inici.

Passo per davant de l'Hotel Weisshorn, i tinc tres corredors al davant en un interval d'un minut. No tinc temps d'aixecar el cap, però veig de reüll les siluetes de les muntanyes que ens rodegen. El paisatge és idíl·lic, la típica postal suïssa, amb cabanes de fusta al mig de camps d'un verd extrem on pasturen aquí i allà unes vaques. Reconec l'afilada cresta que uneix cims del Zinalrothorn i l'Ober Gabelhorn, i la piràmide perfecta del Cerví que s'insinua al darrere. A l'esquerra, la imponent cara nord del Weisshorn, que dóna nom a l'hotel, enlluerna tota la vall, i a la dreta és la Dent Blanche que li fa ombra. Intento no perdre la concentració recordant els bons moments viscuts en aquests cims. «Allò sí que m'agrada, què collons foto aquí patint per atrapar aquell coi de gaseles!» Les meves cames sí que ho tenen clar, però. Segueixo corrent, intentant accelerar per guanyar temps a cada passa. En el fons sé que m'encanta la competició i aquest joc estúpid i simple. Em concentro de nou, perquè ara ve el tram més favorable, de baixada, on la meva tècnica de corredor de muntanya em dóna avantatge sobre els altres.

A poc a poc, les diferències es van escurçant i passo el Geoffrey Ndungu, i després el colombià José David Cardona, i finalment, a tres quilòmetres de la meta en l'únic tram de baixada que té la cursa, passo l'escocès Robbie Simpson, un dels joves corredors britànics amb més talent i projecció, tant en l'asfalt com en la muntanya.

A partir d'aquest punt, el que segueix és una sensació coneguda, recórrer sense descans, però amb seguretat, el terreny fins a l'arribada.

Hem acabat. He recuperat la respiració i ens hem fet les fotos amb els primers classificats. Em dirigeixo cap al control antidopatge i pel camí paro unes quantes vegades per fer *selfies* i firmar autògrafs.

—Moltes felicitats! Que gran que ets! —sento que em diuen.

És una dona d'uns quaranta anys. Com que va vestida de curt i encara sua, li demano què tal li ha anat a ella.

—Bé, se m'ha fet molt dura. He trigat cinc hores, el doble que tu, però és que sóc professora i no puc entrenar gaire més. Només hi vaig els caps de setmana i algun vespre entremig.

Després de felicitar-la amb sinceritat, continuo cap al control i, al cap de pocs metres, em tornen a interrompre.

—Ei, tio, bona feina! —em diu un noi que deu tenir la meva edat, amb una panxa feliç que se li dibuixava sota la samarreta—. Això se m'ha fet massa llarg, a mi. No havia fet esport mai a la vida i l'any passat, mentre construíem un xalet aquí a dalt, vaig veure la cursa i amb un col·lega vam apostar que la faria. Però al quilòmetre vint ja no podia més i he acabat caminant. Però tu, tu, ets un extraterrestre, tio!

Aconsegueixo arribar finalment a l'edifici on fan el control antidopatge, i mentre em deixo caure sobre la cadira per agafar una ampolla d'aigua per començar a beure i aconseguir extreure del cos deshidratat els noranta mil·lilitres d'orina que calen per al control, em poso a pensar en les breus converses del camí. Eren corredors anònims i, en certa manera, lents.

Per a mi, córrer és fàcil, i fer-ho ràpid també. Guanyar ja és més difícil, però, i demana moltíssimes hores d'entrenament i un cert esforç. Però al cap dels anys, sense voler semblar arrogant, guanyar també ha esdevingut, per a mi, en certa forma fàcil. Al final, no faig pràcticament res més en tot el dia, i gairebé no he de pensar en cap altra cosa. Corro i guanyo diners. Avui he guanyat i m'enduré uns milers d'euros, i gràcies a les victòries hi ha marques comercials que em volen esponsoritzar. En canvi, aquella professora i aquell paleta no sortiran mai al telenotícies i no firmaran cap autògraf. Ben mirat, tot plegat és una paradoxa, perquè, en realitat, si no hi hagués corredors el món funcionaria igual de bé, però sense mestres que ens ensenyin a escriure i a comptar i sense paletes que aixequin les parets de les cases on vivim, la vida sí que seria difícil.

Em sento malament amb mi mateix. Avui he guanyat diners per fer una activitat inútil. He monopolitzat l'atenció i l'admiració de nens i adults i l'únic que he fet ha sigut posar un peu darrere l'altre una mica més de pressa que ells. Accepto que córrer, interiorment, m'ho dóna tot. Exteriorment, en canvi, assumeixo que és una ocupació estèril.

«No pots ser tan simplista, Kilian, vinga.»

No puc pensar que l'esport no té cap funció social. Des de l'època dels romans ha servit per distreure i entretenir la gent. A l'època moderna i amb l'arribada del benestar, ha promogut la vida saludable, hàbits alimentaris sans i la pràctica de l'exercici, i ha marcat les pautes que demostren que l'esforç i la feina disciplinada tenen premi. Actualment, no obstant això, l'esport sembla que estigui tornant als orígens, a l'espectacle, al circ romà. Ara, en versió moderna, hi ha milions d'espectadors davant una pantalla mirant com uns quants esportistes fan les seves acrobàcies mentre ells les celebren bevent cervesa o menjant qualsevol porqueria de *fast food*.

L'esport competitiu, a més, està sobrevalorat i cada vegada ensenya la part més fosca de les persones. La monetarització i la mitificació en la pràctica de l'esport l'ha portat a simplificar-lo amb els atributs típics d'un xou i a jerarquitzar-ne els resultats. En el model olímpic, el que val és la posició, el podi, on visualment el primer ja se situa per damunt del segon i el tercer, i tots tres oculten l'existència dels altres atletes. La gent només recorda els resultats, els guanyadors. Els estats, per la seva banda, aprofiten els èxits dels seus atletes per reforçar els discursos nacionalistes, tant se val que els països siguin decadents. De la mateixa manera que en l'alpinisme el signe de conquesta és plantar una bandera al capdamunt d'un cim, en els campionats del món o en els Jocs Olímpics, les ensenyes nacionals són les eines de la propaganda.

Els atletes, per la part que ens toca, ens hem acabat creient que si guanyem una cursa som millors que el que ha quedat segon, perquè tothom ens aplaudeix i ens felicita, i això ens permet firmar contractes i viure la il·lusió d'una fama relativa. En aquest context, l'esport abandona la seva essència i entra en un altre terreny, el de l'obsessió per guanyar costi el que costi. Tothom té la seva ètica, esclar, però és prou evident que la temptació de fer trampes és elevada. Sempre hi ha algú que trenca les regles del joc per tenir més possibilitats d'aconseguir la glòria, que és banal per definició.

Els esports que jo practico tenen encara, per sort, un component *amateur* sòlid. No els ha tacat l'època negra del dopatge d'estat o dels grans equips, en què es considerava que era molt més important la publicitat i la reputació que el rendiment esportiu.

Si bé en l'alpinisme es reconeixia més la glòria, i era habitual el recurs a drogues com les amfetamines i els corticoides o l'ús d'oxigen, el *trail running* o l'esquí de muntanya eren minoritaris i marginals, i no tenien cap repercussió fora d'uns mitjans d'abast molt curt. D'alguna manera, va ser aquest fet el que els va protegir. Amb el *boom* que van experimentar les curses de muntanya, l'ultra trail i en menys grau l'esquí de muntanya durant la primera dècada d'aquest segle, hi va haver un cert canvi, perquè les xarxes socials ja eren les que dictaven el que interessava, més que els mitjans tradicionals, i els esports minoritaris es van fer el seu espai. El *trail running* va ser un dels que ho van aconseguir amb més intensitat. Amb aquesta evolució, també s'hi va instal·lar la mitificació dels campions, les sensacions falses de glòria i poder dels guanyadors, i alguns van començar a fer trampa.

Uns quants mesos després que s'acabés de disputar la Sierre-Zinal, la federació d'atletisme va dictaminar que suspenia el Petro Mamu durant mig any per haver pres un medicament prohibit durant els campionats del món que s'havien celebrat dues setmanes abans de la cursa suïssa. A mi no em fot que agafin algú que es dopa perquè pensi que hauria d'haver sigut jo qui hauria d'haver guanyat. El que em molesta molt és que el rendiment que ha demostrat no és real, no serveix com a base de referència, i és un mal exemple per a la pràctica esportiva.

És per això que s'ha de ser sever i fer costat a la lluita antidopatge. No tot s'hi val, i el que és realment important és conèixer el nostre límit i les nostres limitacions. Però potser la millor arma contra el dopatge i les trampes seria desmitificar l'esport, eliminar els podis. Els herois no existeixen.

No tot és blanc o negre. Si bé l'olimpisme i el sistema esportiu actual han deformat els valors de la competició, també han ajudat molts esports a progressar. S'hi han invertit molts diners, i no tan sols han aparegut competidors de primer nivell, sinó que s'ha avançat molt en l'estudi de la biomecànica i s'han ideat mètodes d'entrenament fabulosos. Els rocòdroms han sigut una eina bàsica per extreure el rendiment màxim en les tècniques d'escalada. Els circuits tècnics en què s'ha convertit la cursa anomenada *sprint* han permès entrenar els canvis de posar i treure pells en l'esquí de muntanya. Les curses verticals en pistes d'esquí preparades han significat una millora en el mètode per fer progressar la fisiologia i la resistència, cosa que no hauria sigut possible a la muntanya, on la tècnica requerida impedeix treure tot el potencial físic. Però no s'han de confondre totes aquestes proves, interessants per al rendiment i necessàries per a la progressió, amb la naturalesa última de l'esport. Si un dia, quan sentim que algú diu *esquí de muntanya*, el primer que ens ve al cap és una cursa de tres minuts en un circuit *indoor*, o quan aquest altre algú diu *trail running* pensem en algú donant voltes en un parc d'una gran ciutat amb obstacles artificials, això significarà que anem molt malament, que ens hem equivocat de camí. Però, en fi, si l'esport que es disputava inicialment anant corrent d'un punt a un altre ara ja el concebem indiscutiblement amb uns atletes donant voltes dins un estadi espectacularment il·luminat, jo no em faria gaires il·lusions.

Vull que quedi clar que aquest és un discurs molt fàcil de fer, per a mi. O per a nosaltres, la majoria dels occidentals. Esclar, tenim la sort de poder practicar un esport simplement pel plaer que aconseguim amb aquesta activitat, i els que competim ho fem en gran part per alimentar el nostre *ego*. En molts altres llocs del planeta, però, l'esport no és l'objectiu final, sinó un mitjà per guanyar diners i viure. En aquests països, on la vida no és fàcil, la competició es converteix en una via de supervivència. La fama, si un dia arriba, té més aviat com a objectiu comprar una granja perquè hi treballi la família que satisfer la vanitat pròpia. Però tampoc no ens enganyem: la glòria és tan llaminera, i els diners tan apetitosos, que a tot arreu tothom pot arribar a perdre de vista per què corre.

En el meu cas, no em dol confessar que guanyo bastants diners per competir, però també és veritat que en gasto molts per poder-ho fer. He nascut a Europa, sí, i he tingut la sort de practicar l'esport per plaer, i no l'he hagut de veure mai com una forma de guanyar-me la vida, tot i que mentiria si ara digués que no ha estat un al·licient. Encara més si ara recordo que, quan era adolescent i començava la meva carrera, anava bastant escurat. Però en el fons sabia que, si no me'n sortia, em podria guanyar la vida igualment d'una manera o altra, o seguir estudiant i emprendre la trajectòria que m'interessés més. Vivim al Primer Món, vaja.

És per tot això que sempre m'he considerat un *amateur*. És un gal·licisme que prové al seu torn del llatí *amator*, que significa 'aquell que estima'. I, sens dubte, estic enamorat dels esports que practico. Si avui sóc un professional, la professionalitat no la veig tant com el fet de competir i aconseguir bons resultats, sinó més aviat com l'activitat que consisteix a participar en actes, pel·lícules o sessions de fotos, impartir conferències o ajudar a crear materials i equipaments amb marques esportives.

Sempre m'he preguntat a què m'hauria dedicat si no hagués escollit l'esport com a forma de vida. La veritat és que no en tinc la més mínima idea. M'imagino que la competició ha tingut un paper important en la meva vida per diversos motius.

Vaig créixer en un ambient rural, bastant despoblat, i em vaig començar a educar en una escola on els profes i els pares eren bastant *hippies*. Vaig anar a l'institut a una petita ciutat, però era prou gran perquè els estereotips socials estiguessin més marcats i s'acceptés menys la diferència. No va ser fins llavors que vaig saber que era un nen tímid, molt introvertit, que no entenia gaire els altres nens, i alhora ells tampoc em comprenien gens a mi. Vaig aprendre el contrast entre el que es considerava normal i el que es veia com a no normal. Jo pertanyia al segon grup. L'única inquietud que demostrava als altres era la de la passió pels esports de muntanya. Va ser per això que ràpidament es va fer popular en el meu entorn la cançó amb què em rebien els altres alumnes quan els passava pel costat: «Nyi-nyi-nyi, saltant per les muntanyes i travessant les valls, el Kilian ja és aquí, la-la-la-la-laaa». La melodia era la d'una sèrie que es veu que triomfava aquells anys a la tele.

Suposo que vaig començar a competir per la necessitat de reconeixement i per retrobar-me en l'adolescència. Devia buscar situar-me en el mapa, per saber qui era jo i que també ho sabessin els altres. Com que ja de petit no m'agradava perdre a res, la timidesa no va ser cap obstacle, sinó un avantatge per lluitar i treure si calia el fetge per la boca per guanyar. Era la meva manera de dir: «Ei, que sóc aquí! Ei, que aquest sóc jo!».

Els primers anys, les victòries van arribar per sorpresa i em van donar una satisfacció interior, perquè ningú esperava res de mi, i em divertia provant de competir en aquella o en aquella altra cursa. Sense gairebé adonar-me'n, em van començar a convidar a proves, i em demanaven que progressés. Ja no era un joc. Per sort, tant la meva mare, que m'acompanyava amunt i avall, com els meus entrenadors, si bé s'alegraven quan guanyava una cursa, no donaven gaire importància als resultats ni em creaven expectatives. Crec que aquesta actitud em va salvar.

Passada l'adolescència, la necessitat que em reconeguessin va desaparèixer. Hauria pogut deixar de competir, perquè notava l'aversió als podis, a la jerarquia que imposaven els resultats, a la mitificació... Però quan guanyes amb una certa facilitat és difícil dir prou. Dit amb sinceritat: cada victòria t'alimenta l'eufòria, et sents fort i estimat. Qui, si pot triar l'eufòria, es queda amb la felicitat i prou?

Finalment, quan baixes de la cresta de l'onada dels sentiments, pots visualitzar el que t'aporta en realitat la competició: a mi em posa en qüestió sempre, em fa dubtar de les meves capacitats, m'interroga sobre el moment de forma. No sé mai si sóc prou dur entrenant o si em deixo anar, i com que vull ser la millor versió de mi mateix, busco i analitzo tots els petits detalls per progressar, per explorar el límit. I si tens altres competidors afamats esperant-te, és més fàcil motivar-te per entrenar fort. El que realment em motiva és intentar guanyar curses en què la incertesa del resultat sigui molt alta.

Sí, m'agrada guanyar, sens dubte, però també m'agrada perdre. M'agrada conviure amb corredors nous que estan més motivats que jo, que entrenen millor i que tenen més ganes de menjar-se el món. Competir al seu costat em carrega d'energia, em motiva a aprendre d'ells per, si puc, donar-los guerra quan me'ls trobo. La competició es converteix llavors, en part, en una *check list* on comprovo si sóc capaç de mantenir el nivell que m'exigeixo, i puc testar si l'entrenament o els canvis que hi introdueixo donen el fruit que espero. A part d'això, algú sap si hi ha una manera millor d'entrenar-se a alta intensitat que participant en un campionat del món, o disputant l'UTMB o Sierre-Zinal?

L'Everest a la tardor

A Europa arriben les pluges, els dies s'escurcen i es posen el vestit de color gris. Mentrestant, a l'Himàlaia, els núvols diuen adéu als cims amb el cor al puny i el sol s'hi instal·la per quedar-s'hi. La tardor és una època preciosa al Nepal. Si carregues una petita motxilla amb les quatre coses bàsiques que et calen, pots córrer de vall en vall, dormint i menjant als pobles, i pujar cims cada dia.

Aquella tardor del 2016, però, me la vaig passar a casa. Vam abandonar el Tibet a principis de setembre. Després d'un parell de curses per demanar al cos si encara funcionava després d'un mes d'expedició, la tardor em va acollir. Són els mesos grisos al nord, en els quals les persones es tanquen dins de casa a esperar. A fora plou i neva. La foscor s'allarga i les nits es fan curtes quan surts a pujar muntanyes. És l'època en què, per a mi, comença i acaba l'any, quan reflexiono i analitzo la temporada. Què faig? Entrenar, entrenar i entrenar. La rutina de la feina dura i senzilla, que es trenca la resta de l'any, sempre de cursa en cursa o de muntanya en muntanya.

En tornar de l'Everest, com sempre que acabo qualsevol activitat, les reaccions de la gent van ser diverses. N'hi va haver d'incomprensió i de rebuig, perquè sempre hi ha qui et rebutja i no et comprèn, perquè o bé són incapaços d'entendre el que faig o ho associen a la mentida, el dopatge i la trampa. N'hi ha també d'admiració, tot i que no interpreten ben bé el que he fet, però es deixen impressionar per noms com ara Everest i per les xifres, que tothom entén i pot comparar, encara que no sàpiguen a què les comparen. També hi ha els indiferents, que podria ser que fossin els més assenyats, i finalment hi ha una petita minoria que ho poden entendre i elaboren unes idees molt friquis que els serveixen per motivar-se o per encarar amb una perspectiva nova els seus projectes. El món és molt divers, vaja.

Quan has estat bastant sol i et reincorpores a la vida en societat, l'adaptació no és fàcil. En el meu cas, em toca ser una altra vegada Kilian Jornet, no la persona sinó el nom, el personatge. La vida en què la gent em reconeix m'espanta, em produeix un pànic difícil d'explicar. El meu jo més asocial havia viscut amb massa confort i ara em feia molta mandra recuperar les servituds comunitàries.

Encara al camp base, quan aquestes idees em començaven a posar neguitós, recollint les tendes i empaquetant el material per marxar, se'm va acudir una idea:

—Ei, Seb, escolta. Què et sembla si enviem un missatge anunciant que m'he mort? Segur que de seguida s'escamparia per Twitter i aquesta seria la *veritat*. Després diem a l'Emelie i a mons pares i ma germana que és mentida, que ho he dit per recuperar la llibertat i l'anonimat.

Tot i que jo em pensava que era una idea genial, el Seb no va compartir amb mi l'entusiasme.

—Home, potser no cal ser tan bèstia, no? No sé si has pensat que sense voler faries mal a molta gent.

—A prendre pel cul la gent! —vaig saltar de seguida. Vaig rumiar una mica i al cap d'una estona vaig acabar la conversa, però no convençut del tot:— Bé, va, d'acord, potser encara no és el moment...

Vaig continuar, capcot, recollint les últimes coses que hi havia escampades pel campament, i m'anava mentalitzant que al cap de poc hauria de tornar-me a acostumar a estar amb més persones pul·lulant a la vora. Sí, tens raó, de vell seré insuportable. Si als trenta ja sóc així, segur que d'aquí a uns anys seré un d'aquells avis que quan els passa un desconegut per davant de casa aparten una mica la cortina de la finestra per encabir-hi un ull desconfiat, o que quan un amic truca a la porta es queden quiets esperant que es pensi que no hi és. Buf, quina por, no hi haurà ningú que m'aguanti!

Igual que quan acabo una cursa em fan falta uns segons o uns minuts per refer-me, després d'una activitat intensa em cal un temps per digerir-ho tot i sedimentar-ho. Però la gent i els mitjans de comunicació no tenen espera. Volen saber ja el que has viscut, el que has sentit. «Però si ni jo mateix sé encara el que he viscut i sentit!» Quan m'aborden i em fan preguntes, la veritat és que em sap greu, però de vegades no em surt res més que una *gilipollada* que vol ser graciosa o una resposta insulsa i automàtica, sense cap interès i que pot semblar fins i tot despectiva. Tinc la sensació com si em posessin els dits a la gola per fer-me vomitar abans que hagi pogut digerir.

I, justament, el que més m'agrada de les expedicions és que puc desconnectar del món, de tot i de tothom, que puc vincular-me només a les persones que estimo i a la muntanya, sense tenir clavat al clatell cap ull que em vigili i m'analitzi cada paraula i cada moviment. És per això que, quan ingresso de nou en el *món real*, em cal un temps d'adaptació, d'aclimatació.

Vaig tenir una altra idea genial: vaig explicar a l'Emelie i al meu agent que volia desaparèixer. Tot i que no van fingir sorpresa quan els ho vaig comentar, ho van encaixar amb escepticisme, i em deien que la meva funció consistia a motivar els altres perquè fessin esport, perquè coneguessin la natura... En fi, deixem-ho córrer.

Jo no he escollit ser admirat. De fet, això en certs moments em produeix repulsió. No he volgut ser mai un model per a ningú, ho sento, això no ho he escollit. I, al mateix temps, no vull fer mai o deixar de fer res per algú.

Les fulles dels arbres planejaven de les branques a terra, la neu passava la brotxa per la muntanya. Em vaig tornar a acostumar, a poc a poc, a la gent, i, refugiat a Noruega, vaig recuperar els somnis de les muntanyes, les que només pots comprendre tu, perquè no hi busques les dificultats, les altures o l'estètica, sinó que et busques a tu mateix. Cada muntanya té la forma de qui la vol escalar, l'ascens en solitari és el que no se sent amb les mans a la roca, sinó el que s'entén a l'interior quan el cos lluita a fora. Lluny del soroll, on un cim és només un punt geogràfic, vivim una vida sencera, perquè cada muntanya pujada, cada amic perdut i cada ascens avortat ens deixa una cicatriu impresa a la pell.

Potser la vellesa és això: un cos sense espai per a cap més cicatriu. Serà llavors que podré pujar muntanyes amb l'autèntica llibertat de la maduresa? Quan hagi entès que l'amor és la renúncia a la llibertat, i que la llibertat és l'acceptació de l'amor sense condicions? Però, llavors, el cos no seguirà el pas que ordena la ment i les cicatrius enyoraran un cos jove. Vull ser un nen de vuitanta anys, que sent la urgència del moment sense la necessitat de crear futur. Vull viure cada etapa de l'amor a la muntanya amb tota la bogeria, amb els ulls brillants i el cor bategant salvatge, sense control, amb les cames tremolant només de pujar a algun cim. Fins que en la vellesa definitiva se m'apagui el cos.

Capítol 4

Companys de somnis

Era l'estiu del 1938. Anderl Heckmair, Fritz Kasparek, Ludwig Vörg i Heinrich Harrer arribaven al cim de l'Eiger, a l'Oberland suís, després d'escalar-ne la cara nord per primera vegada. D'aquesta manera es resolia l'últim dels darrers reptes alpins, tal com escriuria Heckmair al seu llibre *Die drei letzten Probleme der Alpen ('Els últims tres problemes dels Alps')*. Els altres dos s'havien superat durant aquella mateixa dècada i, com l'Eiger, també tenien forma de gel i roca, eren les cares nord del Cerví i les Grandes Jorasses. La primera, l'havien resolt l'any 1931 els germans Schmid; i la segona, Martin Meier i Rudolf Peters tres anys mes tard. El pioner a pujar les tres cares nord va ser el gran alpinista i guia francès Gaston Rébuffat entre els anys 1945 i 1952. Més endavant es van escalar en hivernal, en solitari, a gran velocitat i encadenant-les totes tres en poques hores.

Avui dia, escalar aquestes parets no suposa cap proesa, i s'han culminat fent les combinacions més diverses. Tot i això, aquestes cares fredes i de roca de dubtosa qualitat continuen fent somiar milers d'alpinistes any rere any. De vegades em pregunto per què hi fantasiegen, i he arribat a la conclusió que és perquè, quan et mous per aquesta geografia i t'imagines al capdamunt de l'Eiger, no tan sols sents l'atracció de la immensa paret negra, sinó tota la història que acumula, la memòria i la fascinació del que has escoltat o llegit. No tan sols superes parets de gel i roca, sinó que interiorment vas acompanyat de l'experiència de Heckmair. Veus escalant Reinhold Messner i Peter Habeler, pujant-hi en només deu hores i revolucionant amb aquesta gesta l'alpinisme als Alps. I recordes moltes altres peripècies que t'han fet somiar des de petit. En realitat, no saps si puges les muntanyes per la bellesa que tenen, o si les veus extraordinàries pel que representen per a tu, filtrat sempre pel que t'han explicat o has llegit.

En la litúrgia de l'alpinisme, poques parets tenen tant predicament com les tres alpines que van deixar de ser un problema als anys trenta. Tot i que quan era encara un nen havia imaginat què devia ser escalar-les, no havia acabat de decidir-me mai a transcriure en una llibreta el que significa acomplir aquest somni. Fins que, per casualitat, un dia em vaig creuar amb el Simón al Mont Blanc.

Simón

Chamonix és l'única ciutat del món on pots passejar tranquillament pel carrer sense sentir-te extravagant amb botes d'esquí i un *gore-tex* a mitjan agost, mentre el termòmetre marca trenta graus. Fins i tot he arribat a pensar que hi deu haver gent que treballa a l'oficina en texans i samarreta i que quan acaben de sopar es calcen les botes de muntanya i es posen una corda al voltant del coll d'*attrezzo* per anar a prendre unes birres al bar.

Quan puges per l'autopista, el primer que hi veus en arribar és un cartell que diu «Chamonix Mont Blanc», amb una segona línia a sota que anuncia la «*capitale mondiale de l'alpinisme*». També se la coneix amb altres designacions, com ara la de l'alpinista americà Mark Twight, que l'anomenava la «capital mundial de morts». O també la podem designar la «capital mundial d'*ego* per metre quadrat», perquè hi viuen o hi passen temporades més o menys llargues els millors especialistes de cada una de les disciplines que té la muntanya com a escenari. Des de la bicicleta de descens fins a l'alpinisme, sense oblidar el salt base, el paracaigudisme, el *trail running*, l'escalada en gel i l'esquí extrem, entre un llarg etcètera.

Chamonix va ser el punt de partida per al primer ascens al Mont Blanc l'any 1786, proesa que va fer néixer l'alpinisme. Va ser, també, la vila on va aparèixer per primer cop la professió de guia d'alta muntanya, i amb el temps s'ha adaptat per facilitar la pràctica de totes les disciplines de muntanya que es puguin imaginar. S'hi han construït accessos amb telecadires i telecabines i refugis per poder accedir en només uns quants minuts des del centre de la ciutat fins a qualsevol de les parets de roca, neu o gel, o a zones per poder volar en totes les direccions possibles. S'ha creat un sistema d'accés a la informació meteorològica i sobre les topografies de les vies únic al món, i el servei de rescats és impecable.

Evidentment, tot plegat ha convertit Chamonix en la gran universitat mundial dels esports de muntanya, i atreu una quantitat inimaginable de persones disposades a practicar una activitat al més alt nivell possible, les vint-i-quatre hores de cada un dels set dies de la setmana. Activitats esportives excepcionals són aquí el pa de cada dia i creen una barreja de creativitat, *egos* desmesurats i cementiris plens de somiadors.

I entre aquests grans *egos* hi havia el meu, instal·lat des de feia anys en una vall on els cognoms Charlet o Terray són més coneguts que el Kennedy als Estats Units, i on la jerarquia social depenia de la dificultat de les vies que havies escalat, i els més distingits es reconeixien per portar a totes hores una medul·la platejada al seu *gore-tex*, o en la visera de la gorra els dies més calorosos, quan era acceptable deixar la jaqueta a casa.

Només cal dir que uns agosarats contrarevolucionaris van penjar, protegits per la foscor de la nit, uns grans cartells reivindicatius a les parets d'alguns monuments de la ciutat que hi deien: «Sabeu quina diferència hi ha entre Déu i un guia de muntanya? Que Déu no és guia». En fi, sàtira a banda, la vall de Chamonix és un microcosmos únic i tancat sobre ell mateix, com la majoria d'habitants que vivíem en aquell indret.

En aquest món paral·lel dels elegits, on problemes reals de la vall com l'enorme contaminació quedaven amagats sota la catifa del circ d'activitats i rècords diaris, jo m'hi havia instal·lat, m'hi havia fet el meu lloc, però lluny del centre de la població i de la vida social. En els prop de deu anys que hi vaig viure, puc comptar amb els dits de les mans els amics que hi vaig fer, i potser em caldria només algun dit més per fer el recompte dels dies que vaig sortir a la muntanya acompanyat. Però, sigui com sigui, m'hi sentia a gust i amb espai per progressar, en aquesta mena de paradís entre muntanyes.

Érem a finals de juny, els dies eren llargs i semblava que l'anticicló que ens acompanyava des de feia setmanes s'hi trobava bé i no volia marxar. Per agrair-l'hi, jo em passava més temps per sobre dels quatre mil metres que a casa. I, com és lògic, coincidia amb centenars d'alpinistes cada dia, sumant-hi per descomptat els inefables guies que acompanyaven els clients a conquistar els seus somnis. Com que ja feia anys que vivia allà, ja quedaven lluny les hostilitats que m'havia trobat al començament, quan, pujant al Mont Blanc corrent o escalant alguna de les arestes del Bassin du Tour, em miraven de dalt a baix amb menyspreu i fins i tot havia escoltat algun insult per la manera que tenia de pujar les *seves* muntanyes.

Un dels guies amb qui ensopegava sovint aquell estiu era el Simón Elías. Era de La Rioja i feia anys que s'havia instal·lat a la vall, i compaginava les temporades de voràgine turística per treballar amb els mesos en què Chamonix es converteix en una ciutat fantasma per fugir a massissos remots i intentar obrir noves rutes d'escalada. Per exemple, al Meru nord a l'Himàlaia o a la cara oest del Cerro Torre a la Patagònia. El coneixia de feia temps, i no tan sols per haver llegit a les revistes els reconeixements merescuts que se li havien fet. El vaig conèixer just després d'haver participat en la meva primera Pierra Menta, encara en categoria júnior, i després havia anat a passar quatre dies amb els altres membres del Centre de Tecnificació Nacional a Chamonix, per aprendre quatre conceptes bàsics de seguretat, com ara com cal actuar quan un dels companys cau en una esquerda o com t'has d'encordar quan esquies en una glacera. Érem una desena d'adolescents excitats, alguns amb la vanitat encara incorporada després d'haver baixat dels podis de la Pierra Menta. Ja se sap, l'endorfina de l'adolescència...

L'atzar va fer que el Simón fos el nostre guia i formador. El primer dia vam pujar amb telefèric fins a l'Aiguille du Midi, a 3.800 metres. Per començar, un error: no haver-nos obligat a anar-hi a peu, perquè com a mínim el cansament ens hauria fet arribar amb una mica d'àcid làctic a les cames i amb el nivell més baix d'endorfina. Vam sortir de la cabina com si fóssim uns lleons afamats que acaben de veure un ramat de gaseles ferides. Ja a la neu, i mentre ens posàvem els esquís, el Simón intentava explicar-nos amb tota la bona voluntat els conceptes clau per esquiar en una glacera. Però nosaltres, que ens crèiem uns savis, ni ens l'escoltàvem. Només esperàvem ansiosos que ens donés el senyal per començar a baixar i competir entre nosaltres aviam qui arribava el primer a baix.

Tan bon punt el Simón va donar l'ordre, es va produir una estampida. Tots els nois vam tirar avall en línia recta, amb el cos tot cap enrere per aguantar l'equilibri i sentir la neu lliscant a pocs centímetres del cul. I sí, ens vam passar per l'arc de triomf totes les normes de seguretat que ens havia marcat l'instructor feia només uns minuts. Vam baixar per la glacera de la Vallée Blanche sense efectuar cap gir —au, tots en paral·lel—, encomanant-nos a tots els déus cada vegada que s'apropava una esquerda i, en lloc de frenar, intentant agafar més velocitat per saltar-la per sobre, vigilant de reüll el company esperant que es tallés, frenés i es quedés enrere. I mentrestant el Simón, amb uns ulls com unes taronges, mirant espantat aquell espectacle penós i seguint-nos a distància mentre ens cridava que paréssim de fer l'imbècil.

No ens havíem trobat més fins que vaig anar a viure a Chamonix. Llavors ens vèiem sovint a la muntanya, i no és que ens parléssim gaire, però sí que compartíem l'interès de trobar una activitat que fos un repte per a tots dos: per al Simón, per la resistència i la velocitat, i per a mi, per la dificultat tècnica. Però l'interès que demostràvem quan érem allà dalt desapareixia quan baixàvem a la vall, perquè llavors cadascú es trobava amb la realitat d'unes agendes carregades i els dies anaven passant i no en trobàvem cap de lliure per compartir-lo tots dos.

Aquell dijous de finals de juny havíem esquiat per un nou itinerari a la cara oest del Mont Maudit amb el Vivian Bruchez i el Seb Montaz, i quan vam tornar al cotxe cap al migdia vaig veure que el Simón m'havia enviat un missatge al mòbil: «Ei, tio, que et ve de gust que fem les Grandes Jorasses dijous?». Vaig mirar de seguida l'agenda, i l'endemà dimarts tenia una sessió de fotos per a un espònsor, dimecres havia quedat amb el Karl Egloff per a una sortida i divendres a la tarda competia en el quilòmetre vertical de Chamonix. Dijous, però, no tenia res i li vaig contestar de seguida que som-hi. La idea que tenia el Simón era molt senzilla: pujar una muntanya com es feia abans. És a dir, sortir de Chamonix i arribar corrent i caminant al peu d'una paret que cap dels dos no coneixia, escalar una ruta tècnica —la Colton-McIntyre— fins al cim i baixar per l'altre costat fins a Courmayeur.

El Simón i jo som dues persones oposades del tot: ell fuma i beu, jo no he fumat mai i no em diu res l'alcohol; a ell li agrada l'ambient de les ciutats, a mi em fa pànic l'acumulació de persones; a ell l'apassiona l'alpinisme de dificultat i a mi el de moviment; ell s'ho passa bé portant cada dia persones a la muntanya i jo sóc un fanàtic de la soledat; ell creu que l'esport és una xacra i jo no puc viure sense entrenar. Tot i les diferents formes de vida, teníem una gran passió comuna, la muntanya, i hi havíem trobat un racó on coincidíem, i l'encaràvem amb la il·lusió dels nens que acaben d'estrenar una joguina.

Dimecres, després de sopar, havíem quedat a l'aparcament de Montenvers per triar el material que portaríem. Amb les motxilles ja carregades i guiant-nos per la llum que desprenien els frontals, vam començar a caminar pujant els corriols dins el bosc on jo anava a córrer habitualment. En abandonar la protecció dels arbres, vam veure un espectacle magnífic: la llum de les estrelles, en aquella nit clara, brillava i il·luminava les cares dels cims que ens envoltaven. Les Grandes Jorasses ens esperaven, cobertes d'una fina capa d'un blanc intens, llampant. Era el senyal que la neu era dura i que podríem pujar amb rapidesa i seguretat, o es tractava d'un polsim de neu fresca i inconsistent que només cobria les pedres? Amb aquest dubte incorporat, vam avançar per la Mer de Glace, una gelera antigament quilomètrica, que cada any ha anat perdent centenars de metres cúbics i que ara va vestida amb un nom que li va gran, perquè més aviat la podríem anomenar llengua o estany de gel. En un dels rierols que travessaven la gelera, vam aprofitar per abastir-nos d'aigua, un litre el Simón i mig jo. N'hauríem de tenir prou per arribar a l'altre costat de la muntanya.

En arribar al peu de la paret, l'ombra dels mil dos-cents metres de roca ens envoltava d'una negror intensa. En plena nit, en un lloc com aquest, fa que augmenti encara més la sensació de petitesa i insignificança. Vam perdre unes hores pujant i baixant pel sòcol de la paret, formada per nombrosos esperons i canals, buscant on era la via per on volíem pujar. Finalment, vam trobar els pendents de gel blau que ens van permetre emprendre l'ascensió a bon ritme fins al primer terç de paret, just quan començava a clarejar. Quan el dia es va llevar, ens va treure la son dels ulls un aire fred, que ens va recordar, de sobte, que érem al bell mig d'una cara nord. Amb l'inici de les dificultats, l'escalada era molt més estàtica, perquè ens començàvem a assegurar i la gelor se'ns calava als ossos. Mentrestant, imaginàvem els corredors amb tirants al fons de la vall i els escaladors patint calor a les parets assolellades.

—Hòstia, Simón, mira que estàvem bé, ahir... Amb la caloreta del sol per sobre dels quatre mil metres, tot el dia escalant sense samarreta i amb aquelles vistes... Per què coi hem d'anar sempre a buscar el fred? —vaig rondinar amb ironia.

—Potser sí que al sud estaríem posant-nos morenos i guapos, i aquí vinga a tremolar de fred i de por. Però mira-t'ho d'una altra manera: si aquest temps ens refresca el cos, imagina't com ens deu refrescar l'ànima!

El Simón el tenia, el do de paraula, la resposta curta i exacta que et converteix, si la tens, en el rei dels sopars d'amics. Feia relativament poc que havia llegit el seu llibre, *Alpinismo bisexual*, un recull d'escrits i històries curtes punyent i divertit, però puc dir amb tota sinceritat que el que em va cridar l'atenció a l'aparador de la llibreria va ser la coberta. Era una fotografia casolana, on se'l veu a ell, escanyolit, amb les cames peludes i amb una barba i uns cabells tan espessos que no li deixen veure la cara, completament despullat, a excepció d'un tanga negre i unes botes d'alpinisme als peus, simulant una postura d'actor de pel·lis porno dels anys vuitanta. I tot això, per l'amor de Déu, enmig d'una glacera a la Patagònia, amb tot el material d'escalar i el menjar del que sembla un bivac escampat al seu voltant. Dinamita pura, molt *kitsch*.

Es mira amb les ulleres de la sàtira posades tot el que fa, i explica que la seva feina de guia d'alta muntanya és molt particular, perquè consisteix a posar la gent en perill per salvar-la després. Anant amb ell entenc la seva passió pel que fa, de quina manera aconsegueix transmetre sense donar gaires explicacions el que sent cada moment mentre escala. I com manté l'autèntic esperit muntanyenc, explicant als clients que el que importa no és escalar el cim, sinó el que s'ha viscut pel camí, independentment d'haver assolit l'objectiu.

Parlant del seu llibre, em comenta que és una «oda al fracàs», perquè «l'alpinisme és ple de relats heroics, que expliquen ascensos èpics desafiant la vida i la mort per aconseguir un cim, però tots sabem que, en realitat, el 99% de les vegades ni s'assoleix el cim ni hi ha heroisme, perquè l'alpinisme no té res a veure amb això, és bisexual, consisteix a optimitzar tots els recursos de què disposem, i normalment acabar sense trepitjar el cim, però això no significa que sigui un fracàs, sinó tot el contrari».

Continuem la pujada i les paraules que intercanviem són succintes. Si ens assegurem, compartim algun comentari escadusser sobre la bellesa o la dificultat del tram que hem fet, i sense més ens passem l'un a l'altre el material i ens allunyem. Quan escalem amb la corda tensa, avançant tots dos alhora al mateix ritme, separats pels seixanta metres de corda, si hem de parlar ens comuniquem a través del fil que ens uneix. Si la corda s'atura, vol dir que el tram és difícil; si recula, que el camí no és el bo; si la corda avança lentament, que estem cansats; i si fem estrebades, que o bé hem arribat a algun lloc o bé hem d'anar més a poc a poc.

Escalar amb el Simon és confortable. Tot i que volem avançar de manera contínua, sense perdre temps, no dubta a buscar el millor emplaçament per a cada protecció, i quan el sento esbufegar perquè no troba la ruta, de seguida li ve al cap la solució per continuar endavant amb calma i sense perdre el somriure.

Deu hores després d'haver començat a escalar, el sol ens toca la cara quan sortim al cim, i ens hem de desabrigar de pressa i corrents per la calor que ve des del sud. Ja ens hauria anat bé només una miqueta d'aquesta calor per fondre la petita capa de neu que ens ha amagat la via i ens ha dificultat l'escalada durant tot el matí!

De sobte, amb la calor i el relaxament del cos, que ja sap que s'han acabat les grans dificultats, el primer que s'afluixa és l'estómac. «Ai, quin mal de panxa!» Ens mirem l'un a l'altre i, sabent que no hi ha ningú a bastants quilòmetres, ens abaixem els pantalons i evacuem amb solidesa els dubtes que ens han acompanyat durant la nit i la matinada.

—Havies cagat mai en un vàter amb més bones vistes? —em pregunta.

I tots dos ens posem a riure, mirant els Alps des de dalt de tot.

L'estiu va continuar i, com passa sempre, després de les vint-i-tres hores que va durar l'activitat que vam compartir, cadascú va tornar a agafar la seva agenda i va anar ratllant els compromisos a mesura que els anava acomplint. I no vam trobar cap altre dia buit en cap pàgina per materialitzar cap de les sortides que havíem planejat mentre baixàvem cap a Courmayeur ensumant el rastre de les pizzes que ens hi esperaven.

L'endemà, el Simón es va tornar a posar el vestit de guia de muntanya i, amb la mateixa serenitat i paciència de sempre, va seguir impartint les classes d'amor a les muntanyes a centenars de clients que volien pujar cims com el Mont Blanc. Tots plegats tornaven a casa amb tanta saviesa acumulada que acabaven sabent que haver pujat el cim que buscaven no havia sigut el més important. Potser sí que els guies com el Simón tenen alguna cosa de Déu, ja que són capaços d'il·luminar altres persones a través de l'amor a la muntanya, i iniciar-los en aquest camí de sacrificis i satisfaccions.

Jo, per la meva banda, l'endemà mateix d'haver compartit tota una experiència magistral amb el Simón em vaig posar un dorsal i vaig continuar la meva processó habitual de l'estiu.

Ueli

Estic perdut pels carrers estrets de Ringgenberg, un poble petit a prop d'Interlaken. És un poble suís que manté encara l'encant rural i la fragància de la natura. Es diferencia de les viles i estacions veïnes de França perquè no s'ha massificat i els habitants no han massacrat l'arquitectura. Tots els carrers els tenen empedrats i construeixen les cases amb troncs d'arbres amples i polits. Les cases fan dos pisos d'alt com a molt, i a totes les finestres i els balcons hi ha jardineres amb flors de tots els colors, sense cap pètal pansit que desentoni. De la font de la plaça del centre en brolla aigua abundant i els vells s'asseuen als bancs per passar la tarda i xafardejar.

He passat dues vegades per davant la font i no he trobat la casa que busco. Al final he parat el cotxe i he abaixat la meva finestreta per demanar a un dels ancians: «*Sorry, do you know where it is Ueli*

Steck house?». No acabo d'entendre la seva resposta en la variant suïssa de l'alemany, però interpreto el que em vol dir pels gestos que fa, i és suficient perquè em quedi satisfet.

Arribo a l'entrada de la casa de l'Ueli, hi truco i ell surt per indicar-me on he d'aparcar el cotxe. Anem per feina i només ens han calgut deu minuts per preparar tot el material que ens fa falta per pujar la cara nord de l'Eiger l'endemà al matí. En acabat, un plat de pasta amb formatge parmesà per sopar.

La primera vegada que vaig sentir parlar de l'Ueli Steck va ser cap a l'any 2007, quan vaig llegir en una revista que havia fet l'escalada que ara volíem repetir en menys de quatre hores. L'any següent va destrossar la seva marca i va pujar en menys de tres. El que estàvem a punt de fer ara era un senzill entrenament, comparat amb allò. Jo, per contra, tenia unes sensacions barrejades, entre l'excitació i el respecte. També em feia por el ridícul de no sortir-me'n davant un home que havia escalat trenta-nou vegades la paret que volíem pujar.

Unes quantes setmanes abans havíem coincidit a l'Himàlaia. Jo tenia dotze dies de vacances, entre el final de la temporada de *trail running* i un viatge en què havia de presentar productes per a un espònsor del sud-est asiàtic, i vaig aprofitar per anar a *passejar* pel Khumbu, la regió del Nepal on hi ha cims emblemàtics com ara l'Everest, el Lhotse o l'Ama Dablam. Vaig aturar-me unes quantes hores per tramitar els permisos de *trekking* a Katmandú i vaig agafar l'avió directe fins a Lukla, i en arribar em vaig posar a córrer amb la meva petita motxilla amb tot el que m'hauria de fer falta aquella setmana llarga per les muntanyes. Després d'uns dies per les valls de Gokyo i pel cim del Lobuche, vaig arribar a Chukhung, l'últim poble de la vall que porta a les cares sud del Lhotse i el Nuptse, a gairebé cinc mil metres d'altura. Vaig anar recte al *lodge* del Pemba, que coneixia d'altres vegades, i en entrar al menjador em vaig trobar l'Ueli Steck i l'Hélias Millerioux. Em van dir que ja feia temps que hi eren, aclimatant-se i esperant que les condicions a la muntanya fossin les millors per intentar escalar la cara sud del Nuptse a l'estil alpí, i mentrestant aprofitaven per córrer i escalar per la zona.

M'agrada molt el Khumbu per les facilitats que ofereix per entrenar. S'hi poden fer muntanyes a sis mil i set mil metres com si fossis als Alps pujant un tres mil o un quatre mil. Els pobles són a uns cinc mil metres i disposen de totes les comoditats que calen per viure i entrenar: hi ha llits amb mantes, sales amb llars de foc que protegeixen del fred de la nit, menjar en abundància i fins i tot, si ets a Dingboche, pots tastar uns deliciosos croissants de xocolata acabats de treure del forn de llenya!

Un dia sortim amb l'Hélias i l'Ueli i pugem amb vambes fins al peu d'un dels cims de sis mil metres sense nom que hi ha al voltant. Arribem a la neu i ens posem els grampons, i escalem tot seguit una esmolada aresta de roca i neu, amb unes vistes increïbles sobre la immensa muralla de roca que és la cara sud del Lhotse i el Nuptse. El Makalu el tenim a tocar al nostre costat, i centenars d'esveltes piràmides de neu ens envolten pertot. Arribem al punt més alt i després d'una pausa breu comencem a baixar per la cara a l'ombra. Com que no hem agafat cap corda, anem descendint amb una generosa distància de separació entre nosaltres per evitar tirar-nos neu a sobre. Segueixo les traces de l'Ueli, i, quan arribo al final de la paret de neu, un tram vertical d'uns deu metres m'impedeix el pas. Veig les marques que ha fet l'Ueli i em meravello pensant com hi ha pogut passar només amb un piolet. Trec el meu segon de la motxilla i desgrimpo fins a la glacera. L'atrapo i mentre esperem que arribi l'Hélias em demana si a Suïssa he estat mai a Grindelwald. Li dic que no. Vol saber si he pujat mai l'Eiger. Li dic que no. Se m'ofereix de quedar un dia. Li dic que sí.

L'endemà he de marxar de pressa i corrents a buscar l'avió que m'ha de portar a Kuala Lumpur, i després d'uns dies voltant per descomunals ciutats asiàtiques torno, uf, a la normalitat de les meves tardors, a l'estació francesa de Tignes, on aprofito l'altura i la neu de les glaceres per començar a esquiar i fer el volum necessari abans que nevi a prop de casa. D'això en diem *fer el hàmster* per les pistes d'esquí, amunt i avall, amunt i avall, sense sortir de la roda, comptant tediosament hores i metres.

Un d'aquells dies, tornant d'un dels entrenaments i quan ja ni em recordava d'ell, rebo un missatge de l'Ueli: «*Hi, conditions look great in Eiger, I'm free tomorrow*». Uau! Aixeco la vista del mòbil i dono una ullada ràpida al que tinc escampat pel cotxe: uns grampons, un piolet i un arnès lleuger. «Aix, amb això no en tindré prou. Sort que Chamonix queda a prop i em podré abastir del que em falta.»

Si bé la majoria de les persones amb qui he anat a la muntanya tenien feina per treure de les motxilles el que els sobrava perquè fossin més lleugeres, amb l'Ueli va ser tot el contrari. Després d'haver empaquetat una corda de trenta metres amb unes cintes exprés, un parell de cargols de gel i mig litre d'aigua, ens demanàvem què ens estàvem descuidant perquè teníem mig buides les nostres motxilles de vint litres. El que més temps ens va ocupar va ser decidir quines botes i quins grampons portaríem. Quan vaig anar a les Grandes Jorasses amb el Simón, em vaig calçar unes vambes impermeables que, amb la seva flexibilitat, feien que l'aproximació fos més agradable, i en posar-los els grampons rígids guardaven una certa rigidesa per poder escalar amb el gel, i així m'havia estalviat de portar unes feixugues botes d'alpinisme a la motxilla. Tot i que l'invent va funcionar i em va donar pistes per dissenyar nous prototips de calçat, als trams més drets de gel encara patia per falta de solidesa en el calçat. L'Ueli volia provar com funcionaria aquest invent a l'Eiger, però al final vam decidir que era millor portar unes vambes lleugeres i les botes d'alpinisme a la motxilla fins que comencéssim a escalar. Hauríem de continuar treballant més endavant el concepte vambes-grampons.

L'endemà sortim d'hora. Ens posem a córrer entre els camps i les vaques ens ho retreuen, perquè havien estat dormint tranquil·les fins ara. Tot i que l'Ueli se'ls coneix com si s'hi hagués criat, aquests camins, no havia sortit mai corrent de Grindelwald per pujar a l'Eiger, perquè hi ha un tren cremallera que t'hi apropa fins al peu de la paret. La seva passió li ve de quan practicava l'escalada tècnica, i pujava parets cada vegada més difícils i obria vies noves. Quan mirava una muntanya, de fet, el que hi veia era la paret, la part més dreta, i la resta no li semblava gaire interessant. Tot i les seves preferències, quan li vaig dir de sortir corrent del poble es va entusiasmar.

Pugem a bon pas i a mesura que ens anem adaptant al ritme del dia reprenem la conversa de la vetlla, i quan ell em pregunta per l'entrenament i la nutrició en les curses de llarga distància em refugio en la seguretat de les respostes per apartar del cap la inseguretat quan penso en el que em trobaré més endavant, quan abandoni el confort del terreny de seixanta graus per les dificultats de la verticalitat. L'Ueli vol saber si el ritme que portem és bo i li contesto que no es preocupi, que ell és un bon corredor, la seva vint-i-dosena posició a l'OCC, la cursa germana de l'UTMB, de cinquanta quilòmetres, molts corredors professionals la voldrien.

—No t'ho pensis —em respon—. Vaig arribar una hora després del primer, Marc Pinsach, a un 18% del seu temps. No sóc un corredor, però vull entrenar per anar més ràpid, i també m'agradaria participar en curses de cent quilòmetres.

Li veig als ulls que s'està imaginant el que això li podria proporcionar per als seus futurs projectes a la muntanya, i l'animo dient-li que, veient com corre pel camí on som, no li seria difícil fer la llarga distància si s'hi posa i s'entrena bé.

—Saps? —continua ell—. No m'ho crec, això que es pot millorar només escalant i fent muntanya. Molts alpinistes només escalen i no entrenen. Si tenen una mica de temps lliure, l'aprofiten posem per cas per fer una escalada interessant, però no els passa pel cap anar a córrer o al gimnàs, ni fan sèries anaeròbiques. I jo sé que, si vull culminar els projectes que tinc, he d'entrenar molt fort fent totes aquestes activitats per poder tenir èxit en les escalades més difícils i compromeses.

No és fàcil trobar algú com l'Ueli. No tan sols alpinistes, sinó també esportistes en general, que es prenguin amb tant de rigor els entrenaments. Cada dia de l'any segueix les pautes que li proposa un preparador físic que treballa amb atletes olímpics, i és molt interessant advertir les similituds i les diferències entre la seva activitat i la meva.

—Jo, el que faig és tallar la temporada en períodes —li comento—. Però com que tinc els objectius cada any en les mateixes dates, de gener a abril les d'esquí i de maig a setembre les de córrer, és molt fàcil seguir una rutina. Així, ja sé amb antelació que a la tardor és quan he d'acumular volum, que al començament de l'hivern he de treballar la intensitat, i així continuo fent, seguint els blocs establerts.

—També faig blocs d'entrenament, jo —m'explica ell—, però no estan fixats durant l'any, sinó que els marco en funció del que estic preparant a cada moment. Si l'objectiu que tinc és anar a Califòrnia i escalar *freeride* El Capitan, abans faig uns mesos específics de força i escalada esportiva, amb una setmana d'entrenament de fons entremig per no perdre massa. Si després l'objectiu és una gran paret a l'Himàlaia, em centro a fer un bloc de resistència, amb molt de desnivell en terreny fàcil i algunes setmanes d'entrenament tècnic entremig.

Sigui com sigui, l'Ueli és un tio que es menja mil dues-centes hores d'entrenament cada any, que són xifres com les dels campions del món d'esquí de fons o de ciclisme. Així com el meu terreny per fer el hàmster a la tardor són les pistes d'esquí de Tignes, ell fa honor al simpàtic animalet de la metàfora a la cara nord de l'Eiger.

Xerrant xerrant, arribem gairebé sense adonar-nos-en al peu de la paret. Hem trigat poc més de dues hores a fer el trajecte. Alço el cap per primer cop des que hem sortit i em deixo intimidar pels 1.800 metres de roca negra. Tot i que és la petita de les tres muntanyes que formen el massís, és la més temuda. És al costat dels altres dos cims, i tant l'un com l'altre —el Jungfrau ('la Donzella') i el Mönch ('el Monjo')— imposen respecte. El nom del que tinc al davant no enganya: l'Eiger, 'l'Ogre'.

Ens traiem les vambes i ens posem les botes i els grampons. Sense perdre més temps al peu de la paret, comencem a pujar per les plaques de roca, que es deixen escalar força bé, i després de passar per vires de neu inclinades assolim la meitat del recorregut. És aquí on comencen les dificultats reals. Amb una mica d'imaginació, si ara volguéssim baixar ho podríem fer esquiant. Amb una mica d'imaginació, repeteixo. Però ara, tirant cap amunt, tot és vertical.

Ens encordem a pocs metres de distància i seguim pujant junts, posant de tant en tant alguna protecció quan el terreny és més vertical. Metre a metre, l'angoixa de veure'm incapaç de grimpar amb destresa va desapareixent i se m'encomana una sensació de diversió i joc, molt agradable. La via és molt llarga, fa quasi tres quilòmetres, i té nombroses travessies des de la part dreta fins a l'esquerra de la paret, en un terreny on les dificultats no són mai llargues. Petits ressalts de vint o trenta metres verticals de gel o roca deixen pas a parts més senzilles de pales de neu, que, penjades com estan al buit, fan una sensació d'exposició que intimida.

Estem tots dos sols a la paret, i, tot i que hem d'obrir traça, l'Ueli s'ho coneix tan bé que no dubta en cap moment sobre l'itinerari, i mentre anem tirant em mostra les vies que ja havia escalat.

—Aquí hi ha la via Metanoia, del Jeff Lowe, que vaig intentar fa uns quants dies, i allà Paciencia i The Young Spider, que vaig obrir fa anys.

—Ueli, hi ha alguna cosa que no hagis fet en aquesta paret?

—Uf, moltes, moltes... Encara que anés a una paret cada dia, com que ja vaig per la quarantena i m'estic fent gran, cada una la veig amb ulls diferents. Fixa-t'hi, avui mateix: no havia sortit mai des de Grindelwald corrent per pujar fins aquí.

—Potser algun dia t'hauràs de plantejar baixar d'aquí amb esquís —li vaig dir per picar-lo, perquè sabia que no és un fanàtic d'aquesta disciplina.

—Vaja, amb esquís no ho he fet mai, però per entrenar-me per a l'Annapurna hi vaig baixar un parell de vegades.

—Què dius...? —se'm va escapar, atònit—. Però... però... si aquesta paret ja és prou difícil de pujar escalant, i baixar és encara molt més complicat en un terreny tècnic!

—Bé, el cas és que jo volia saber que era capaç de desgrimpar en terreny tècnic i en una gran paret, per tenir recursos i seguretat quan fos a l'Himàlaia. Per això vaig pensar que una bona manera d'entrenar-me era pujar per la cara oest, la més senzilla, i baixar desescalant la cara nord, que me la conec amb els ulls tancats.

Em vaig quedar tan sorprès escoltant aquella bestiesa que no li vaig poder contestar res, i ell continuava parlant, que si això, que si allò, que si en realitat la cara sud de l'Annapurna no és més difícil —«No, no, i ara!»— que aquesta paret, i, per tant, és fàcil de desgrimpar. Increïble. Intento, amb esforç, assimilar el que m'ha explicat mentre seguim pujant.

De fet, fa un parell d'anys, quan l'Ueli va ascendir en solitari la cara sud de l'Annapurna, amb dos mil metres de paret culminant a 8.091 metres, va deixar atònit tot el món. Aquesta paret representa unes dificultats enormes, i l'altura encara afegeix més entrebancs. Va escalar en solitari i en un sol *push* de vint-i-vuit hores. Unes quantes setmanes més tard, els alpinistes francesos Stéphane Benoist i Yannick Graziani van repetir la via i s'hi van estar deu dies, entre l'ascens i el descens, amb moltes complicacions per l'altura i el fred, que els va acabar repercutint en l'amputació d'uns quants dits.

La seva narració em va deixar amb la boca oberta:

—Mentre pujava, estava completament separat del món. No existia res més que l'escalada, la noció de futur i la de passat havien desaparegut. Era en l'aquí i en l'ara. Una picada de piolet, després una altra, un pas i el següent. Només veia els piolets que penetraven la neu i el gel. La visió se'm va estrènyer. Era allà, al mig d'una paret gegantina amb molt poc equipament. Em sentia lleuger, però exposat en extrem. Sabia que, si cometia un error, per petit que fos, moriria. I, tot i això, no em feia gens de por equivocar-me. Em donava ordres i controlava la persona que escalava la cara sud de l'Annapurna. No em sentia a mi mateix. Si aquella persona queia, no em sentiria concernit. Perquè el futur no existia.

Va habitar, gairebé, el més-enllà. Havia acceptat abans de posar-s'hi que el seu camí podia ser que fos d'una sola direcció. La mort, l'havia assumida com un destí possible. Quan va haver baixat, ben viu, el seu esperit es va omplir de buidor, la que ho ocupa tot si tens la certesa que has arribat a tocar un límit que mai més podràs superar. Quan has viscut el límit.

Al neguit per la sensació de buidor, va haver d'afegir-hi les crítiques d'algunes persones, que posaven en dubte la seva gesta perquè l'Ueli no podia documentar-la amb fotografies. «Oh, disculpeu, tota la nit escalant per evitar el vent i les caigudes de pedres, sense l'aparell fotogràfic, perquè l'havia perdut en una petita allau a la paret.» Dins la comunitat professional, ningú va posar en dubte l'ascens, i li van atorgar el Piolet d'Or, el premi que recompensa la millor activitat alpinística de l'any. Tot i això, les crítiques i algunes incomprensions el van afectar durant un temps.

—Però què sap la gent —em deia— el que és escalar en una paret així en solitari? Com es poden imaginar les decisions que he pres si no han escalat mai en una situació tan exposada?

Ja passa, de vegades: quan algú imagina i executa el que tothom pensava que era impossible, moltes persones, en comptes d'inspirar-s'hi, es tanquen en la negació. És més fàcil dir que no que assumir les limitacions pròpies.

Amb el temps, però, totes les ferides es curen. O això diuen. L'Ueli havia tornat a trobar la motivació encadenant tots els quatre mil dels Alps, tornant a escalar a l'Himàlaia o entrenant per continuar progressant en altres camps. No m'acabo de creure, per més que ho digui, el que li va prometre a la seva dona: que no tornaria a escalar mai més en solitari vies de dificultat extrema. I és perquè, mentre pugem, no para d'observar les condicions de la paret i de parlar amb interès de les estratègies, i exposa idees per elaborar materials més lleugers o per aconseguir menjar i beure de manera més eficient per poder anar més ràpid.

—Tot i que he dit a la Nicole que no ho faria —diu—, l'Eiger el puc pujar ràpid sense exposar-me a cap risc.

Avui el dia és fantàstic. Ni un bri de vent, i calor —tenint en compte que som en una cara nord a quasi quatre mil metres—. Això ens permet escalar amb jaqueta i guants i fins i tot gaudir plenament de l'ascensió. És un espectacle impagable veure com es mou l'Ueli en aquest terreny. Sembla que estigui pujant per un camí planer. Com interpreta la qualitat del gel, amb quina facilitat fa els moviments. Intento absorbir tot el que li veig i tot el que m'explica. Aquest és el tipus de muntanya que, segurament, m'agrada més, perquè les dificultats exigeixen concentració i suposen un cert repte, però no són tan grans perquè necessitis aturar-te i pujar pas a pas sense poder badar. En un parell dels trams més difícils, l'Ueli m'assegura passant-se la corda darrere l'esquena, i continuem pujant a bon ritme fins que arribem a les fissures de sortida, on gairebé es posa a córrer, en aquest terreny encara difícil. El segueixo com puc uns quants metres al darrere, amb la corda ben tensada. Repeteixo els seus moviments i no tinc temps de veure on poso els peus i les mans. Piolet al gel, grampó a la roca, piolet a la roca, grampó al gel. Al cap de poca estona, ens trobem a l'aresta cimera.

Dos mil metres per sota, als camps verds, les vaques que ens han odiat aquest matí ara pasturen en pau. És migdia i tan sols set hores després de sortir de Grindelwald comencem a baixar per l'altre costat de la muntanya. Per a mi ha estat una activitat de primera, avui; per a l'Ueli, un entrenament rutinari. Li estic molt agraït per la classe magistral del joc de l'alpinisme. No triguem ni dues hores a baixar la cara oest i passem per davant del funicular. Ens calcem de nou les vambes i ens posem a córrer fins al cotxe. Feia deu hores que no el vèiem. Compro un parell de begudes i unes galetes. Ens ho mengem ràpid i intercanviem una mica de material. Ell es vesteix de curt i se'n va a una paret de roca als voltants d'Interlaken a fer escalada esportiva. Jo vaig a Tignes. A la tarda encara tindré temps de fer alguna pujada.

Passen quatre dies, ben plens d'entrenaments intensos. M'entra al mòbil un altre missatge de l'Ueli: «*Today it was great conditions. 2 hours 22 minutes ;)*».

Jo tot sol

Pujo i baixo per les glaceres i compto els dies per milers de metres. Des que vaig tornar de l'Eiger, una idea se m'ha incrustat al cervell i va creixent, gairebé al seu aire, a mesura que acumulo hores d'entrenament. Fa una setmana que la meteorologia és bona, i freda, i això vol dir que és probable que les condicions a la muntanya encara siguin correctes per escalar. Amb tot el que vaig aprendre amb el Simón al juny i ara fa pocs dies amb l'Ueli, m'agradaria tancar la trilogia personal posant en pràctica, per mi mateix, tot el que he adquirit. Crec que l'escalada en solitari és la més directa i real. Ets tu sol davant els dubtes i les pors. Són només les teves decisions, les que t'escriuen el destí.

Torno a l'apartament després d'haver-me passat el matí entrenant, amb les cames cansades. Dono una ullada a la previsió meteorològica. A Google Maps, veig que fins a Zermatt, al peu del Cerví, tinc unes cinc hores de camí. No en dubto. Dic als companys que no m'esperin l'endemà per anar a entrenar amb ells. Carrego la furgo amb tot el que necessito. La carretera acaba a Täsch. Cuino una mica de pasta amb oli i m'adormo de seguida.

El dia es desperta i pujo fins a Zermatt, on encara veig uns quants guiris amb aspecte de zombi, vagabundejant gairebé en coma etílic intentant trobar l'hotel on tenen llogada una habitació a mil euros la nit. Travesso els carrers i vaig a parar a la sortida de la Patrouille des Glaciers. Aquest cop no tinc darrere meu dos mil corredors i no sento l'excitació d'haver de competir, però tinc la mateixa energia ara que vull sortir del poble per enfilar cap a les valls.

A mig matí arribo al refugi de Hörnli, on aprofito per beure una mica d'aigua i menjar les quatre galetes que he agafat. Mentre em canvio les vambes per les botes, observo que aquesta nit no ha dormit ningú al refugi lliure. Això vol dir que segurament no hi haurà cap cordada allà on vaig. Sense perdre temps, surto per buscar el peu de la paret. La temperatura és bona. Ni fred per passar-ho malament, ni calor per patir per la caiguda de pedres o el gel.

Començo a pujar per la pala de neu i gel de seixanta graus. Em trobo bé i puc avançar molt ràpid en aquest terreny, quasi puc córrer, em sento molt confortable. En arribar al peu de la rampa, una mena de corredor de gel i roca, em sorprenc quan veig que està completament seca i dubto. Serà més laboriós del que em pensava. «Però he vingut per això, no? Per haver de prendre decisions com aquesta...» Decideixo tirar endavant. Carrego una corda fina de trenta metres i una mica de material que podria abandonar o que em podria ajudar si hagués de baixar rapelant o m'hagués d'autoassegurar si decidís seguir endavant. Decideixo començar a pujar per la rampa col·locant amb delicadesa els piolets i els grampons a les fissures d'esquist negre. Després d'un centenar de metres més o menys còmodes, em trobo amb una xemeneia més vertical. Pujo un parell de metres, però no veig prou clar com col·locar-me per continuar amb seguretat, i si miro cap avall penso que la caiguda seria... No, caure no és una opció. Desgrimpo uns quants metres fins que trobo un pitó bastant ben posat. El reforço repicant-lo amb el piolet, i, quan crec que és prou sòlid, trec la corda de la motxilla i em lligo un dels caps a l'arnès. Passo la corda pel forat del pitó i amb un nus corredís em lligo de nou la corda a l'arnès. Em vaig donant corda mentre pujo, i espero que si caic el pitó resisteixi la sacsejada. Si no, calculo que en els vint o trenta metres de caiguda no em faria gaire mal i podria tornar a pujar o baixar de nou. És per això que mesuro cada pas com si no estigués assegurat. A poc a poc em baixa l'estrès. Recupero la corda i segueixo pujant per la rampa, que ara, per fi, comença a tenir gel sota una capa de neu sucre. Almenys puc clavar els grampons i els piolets en algun lloc que em dóna més seguretat.

Tres hores més tard, surto a l'aresta a prop del cim. La intensitat i la concentració de la pujada han sigut màximes, i en sortir de la paret sento que l'energia abandona el cos i augmenta l'adrenalina.

Els dies són curts a la tardor, i és a mitja tarda que arribo a la creu de metall que algú va posar al cim del Cerví. Miro avall i veig que l'ombra comença a ocupar el fons de les valls. M'agradaria que fos estiu, per veure les arestes netes de neu. Fa un parell d'anys, vaig tardar només cinquanta-sis minuts per baixar d'aquí on sóc ara al poble, a Cervinia. Avui, però, em sembla que la baixada per l'aresta serà molt més llarga i delicada, perquè està coberta de neu i gel i no hi ha cap traça que indiqui el camí per tirar avall ràpid.

Vaig baixant amb cautela, al mateix temps que l'ombra del Cerví es va allargant cap a l'est, formant una fletxa immensa que m'indica la direcció que he de seguir. M'atrapa la nit. Encenc el frontal i vaig buscant el millor camí. L'aresta no és un terreny complicat, però sí que és exposat, i amb aquestes condicions no puc anar saltant de pedra en pedra, però em trobo segur i avanço a bon ritme.

De sobte, sento que el grampó dret s'enganxa amb alguna cosa a la cama esquerra, el cos se'm balanceja lentament cap endavant, i intento alliberar el peu per posar-lo al davant, però m'ha quedat ben enganxat als pantalons. No puc fer-hi res. El meu cos es precipita cap endavant, i em poso de cap per avall. Sento el primer impacte quan caic sobre les meves espatlles i m'impulso més avall en la foscor. No m'hi veig. Un segon impacte m'arriba per l'esquena.

Hi ha hagut dues vegades en tota la meva existència que he estat convençut que aquell era l'últim segon de la meva vida. Aquella va ser la primera. Em pensava que s'acabava tot. Mentre anava caient, només vaig poder murmurar un «Merda!» en veu baixa, com per no voler despertar ningú, però carregat de ràbia contra mi mateix. No pensava en res, només a compactar el cos perquè pogués resistir els impactes, i lluitava amb els braços oberts per intentar quedar atrapat en algun lloc i evitar el que semblava que només podia tenir un final.

En un d'aquests moviments desesperats, un braç se'm va enganxar en uns blocs i vaig poder aturar la caiguda. Com vaig poder, em vaig aixecar. Tot el cos em tremolava i la respiració es va accelerar per acumulació d'adrenalina. No m'acabava de decidir, no sabia si cridar amb totes les meves forces o fondre'm fins a desaparèixer del tot. Després d'un minut per recuperar-me de l'espant, vaig fer un *checking* ràpid dels cops que havia rebut. L'espatlla que havia patit el primer impacte s'havia subdislocat, però, com que això per a mi no era una novetat, me la vaig recol·locar ràpidament. A les cames hi tenia nombrosos cops i una ferida petita, just on s'havia enganxat el grampó que m'havia estripat el camal dels pantalons. No semblava que hi hagués res prou greu, podia seguir baixant. En els primers passos encara sentia que les cames em tremolaven, i vaig enganxar el cul a terra per fer passes curtes. A poc a poc, però, vaig anar recuperant el pas normal.

Deu hores i mitja després d'haver sortit, tornava a ser a Zermatt. Vaig comprar un tall de pizza en un supermercat per menjarme'l mentre tornava cap a Tignes. Els meus companys d'equip i els entrenadors sempre m'han dit que tinc una flor al cul. Però el que ells no saben i jo sí és que la planta que fa aquesta flor l'he d'anar regant sempre perquè no es marceixi. L'he de regar molt.

Stéphane

La sort, però, no és una companya fidel.

Com cada estiu, era al refugi de Malniu, a la Cerdanya. Hi passava la meitat de les vacances de l'escola ajudant el meu pare. Preparava entrepans i ous amb mongetes, feia cafès, plegava mantes, escombrava les habitacions o parava les taules per als sopars dels muntanyencs que recorrien el GR-11 o anaven a veure els llacs. La feina en un refugi t'obliga a llevar-te d'hora i anar a dormir tard, perquè els esmorzars se serveixen de matinada i al vespre s'ha de plegar tot, però entre aquest àpat i l'hora que comença a arribar la gent per dinar hi ha un bon forat. La meva germana i jo l'aprofitàvem per fer curses al voltant del refugi, però no corrent, sinó per les parets, agafant-nos a les regletes que es formaven entre els blocs de pedra. A la tarda, mentre esperàvem els sopars, si feia fred encecíem l'estufa de llenya i fullejàvem les nombroses revistes que hi havia escampades al menjador. Era l'any 2000, jo tenia tretze anys, i em vaig quedar bocabadat quan vaig veure la portada d'un número de *Desnivel* en què sortia un esquiador molt abrigat i amb les cames ben obertes pel fort pendent. El titular era: «Davo Karničar esquia l'Everest».

—Ostres, mira —vaig cridar a la meva germana, i li vaig posar la revista davant dels ulls—. Tu creus que és possible baixar l'Everest amb esquís?

Tots dos ens vam posar a passar les pàgines interiors, on s'explicava amb més detall com se n'havia sortit, el Davo, i em vaig quedar meravellat per la tenacitat i la tècnica d'aquell esquiador eslovè.

Jo no havia fet mai un descens de pendent, però, no sé per quina raó, durant un temps vaig estar convençut que moriria als vint-i-un anys baixant el K2 amb esquís. A finals d'aquell mateix estiu, vaig començar a competir en esquí d'alpinisme —encara s'anomenava així, abans que es conegués com a esquí de muntanya—, i durant anys vaig oblidar-me del Davo i les baixades impossibles. La carpeta de l'institut, la tenia decorada amb dues fotografies, una del Kenenisa Bekele, que llavors guanyava totes les competicions d'atletisme entre els 5.000 i els 10.000 metres, i una altra de l'Stéphane Brosse en una competició d'esquí d'alpinisme, en plena pujada, a punt per fer un nou pas i amb la mirada elevada cap als cims, potser per anticipar els moviments que l'havien de portar a guanyar una altra cursa, la de la Copa d'Europa a Morgins, a Suïssa, la mateixa on jo vaig fer el debut internacional.

L'any 2007, l'Stéphane es retirava de la competició internacional i jo començava a competir amb els grans per primer cop. L'esquiador francès va passar a ser un espectador de luxe que venia a animar-nos els quatre dies que lluitàvem per guanyar la Pierra Menta. Uns quants anys més tard, vaig decidir abandonar els Pirineus per anar a viure als Alps, i amb dues amigues —la Mireia Miró i la Laetitia Roux— vam trobar un petit xalet de fusta en un cul-de-sac als Aravis, on podíem sortir amb els esquís des de la porta mateix i pujar pels lloms drets de cims com l'Étale o el Charvin. Eren també el terreny natural de l'Stéphane, que vivia en un poble veí, i me'l trobava sovint per les muntanyes, veloç i precís com el recordava de la seva època de glòria en les competicions.

El 2012, vaig començar el projecte Summits of My Life, i de seguida en vaig voler parlar amb l'Stéphane, perquè compartíem la visió d'anar a la muntanya amb rapidesa i moviment constant. El primer repte era travessar el massís del Mont Blanc d'est a oest amb esquís coronant els cims principals, i per això havia d'atacar alguns descensos de forts pendents. Ell era un esquiador de pendent brillant. Quan competia, marcava les diferències a les baixades, amb una tècnica sublim, i sabia llegir el terreny com ningú. Un cop va desar els dorsals al calaix, va fer alguns dels descensos més vertiginosos que s'havien fet mai. Juntament amb Pierre Tardivel, va superar amb èxit el descens del Nant Blanc a l'Aiguille Verte sense utilitzar cap ràpel. L'Stéphane va ser el primer a utilitzar material de competició, molt lleuger, que permetia fer ascensos ràpids en aquest terreny, obrint la possibilitat d'encadenament que no s'havien imaginat abans. El projecte de travessar el Mont Blanc era només una idea embrionària que jo tenia, i quan el vaig comentar a l'Stéphane, em va dir que a ell ja feia temps que li voltava pel cap. Va estirar els mapes de la zona a terra i em va explicar amb tota precisió per on era possible travessar.

Per preparar-me, vam fer bastantes sortides junts i em va introduir en el món de l'esquí de pendent. Primer vam anar a la cara nord-est de les Courtes, al Barbey de l'Aiguille d'Argentière, a la cara nord dels Dômes de Miage i a les Droites. Sense gaires paraules, em va anar ensenyant com baixar per aquells terrenys. No puc assegurar que, com a mentor, l'Stéphane fos el més assenyat del món. Sempre tenia un problema o altre amb el material, però amb la seva tècnica angelical era capaç de baixar amb un sol esquí o amb una bota trencada sense que ningú fos capaç de notar la diferència de com ho hauria fet equipat del tot. I jo, en aquestes condicions, prou feina tenia a seguir-lo.

Quan vam creure que les condicions eren bones, vam intentar la travessia. Feia unes quantes setmanes n'havíem acabat una de similar als Aravis, i ens sentíem amb força. Durant aquella setmana vam estar esquiant per la zona per acabar de perfilar les condicions que ens trobaríem. La travessia va acabar de la pitjor manera que podíem imaginar. Buscant el punt d'entrada a l'última baixada, després de més de vint hores de felicitat, una cornisa al cim de l'Aiguille d'Argentière es va trencar i es va emportar l'Stéphane.

Vivian

Durant els mesos següents a la mort de l'Stéphane, vaig combatre el sentiment de culpabilitat amb borratxeres d'alcohol i exposantme a riscos insensats a la muntanya. Per sort, alguns amics em van ajudar a reconduir aquestes pulsions perilloses cap a una serenor més constructiva. Parlo del Seb Montaz i el Vivian Bruchez, que havien estat filmant-nos tant als Aravis com a la travessia del Mont Blanc, o del Jordi Tosas.

Amb el Vivian ens havíem vist poques vegades abans. Tot i que ens havíem creuat mentre ell filmava, no havíem escalat ni esquiat mai junts, i per això em va sorprendre rebre una trucada seva a finals d'octubre.

—Com estàs, Kilian? He vist que avui has anat al Chardonnet. Has vist com estan les condicions de la neu?

—Bé, hi he pujat per la via normal. N'hi ha força, però està molt estable. Està en bones condicions, diria. —Vaig intentar sentenciar intentant no equivocar-me parlant amb algú que coneixia mil vegades millor que jo les característiques d'aquelles muntanyes.

—I has vist com estava la cara nord? Estava blanca o es veia gel?

—Mmm. A veure, crec que estava bastant blanca. No n'estic segur al cent per cent, però m'ho ha semblat. —Vaig dubtar i provava de recordar la cara. Hi havia passat per sota, però no hi havia parat gaire atenció.

—Ok, gràcies —em va dir, i ens vam acomiadar.

Al cap de poca estona vaig rebre un missatge: «Vols venir demà a intentar esquiar el Migot?». Sense pensar-m'ho, li vaig contestar que sí i vam quedar al matí al peu de la muntanya. Aleshores, em vaig adonar que no tenia cap parell d'esquís més amples que els de competició amb les fixacions muntades, i cap dels que tenia estaven en bones condicions. Vaig buscar unes taules que tenia per casa i unes fixacions i vaig anar a corre-cuita a una botiga a muntar-los.

El Chardonnet és una muntanya especial per a mi. No és tan conegut com els altres cims que envolten Chamonix, però el fet que no t'hi acosti el telefèric, que sigui un tòtem que s'eleva a primera línia des de la vall i que no hi hagi cap via realment fàcil per pujar-hi, el converteixen en un repte molt atractiu. L'Stéphane n'havia recorregut pràcticament totes les vies d'ascens i m'havia dit que era la seva muntanya preferida del massís. Després de l'Stéphane, en les diferents cares d'aquella muntanya, el Vivian va obrir-me un món nou de possibilitats i em va aportar una mirada que em canviaria per sempre la forma de veure les muntanyes.

El Vivian era només una mica més gran que jo, però tenia molta més experiència en l'esquí de pendent i en aquell terreny. En tot moment, però, em va considerar com un igual a l'hora de prendre les decisions, i em va ensinistrar de la mateixa manera que la meva mare quan ens feia marcar-li el camí de nit al bosc. Al costat d'ell sempre he tingut una sensació de seguretat i control que fregava la serenor, perquè allunyava l'activitat de les sensacions extremes i eliminava del vocabulari les paraules *risc* i *por* i les substituïa per *plaer* i *felicitat*.

Després d'aquell descens del Migot en van arribar d'altres, i també repeticions, des del massís del Mont Blanc fins a l'Himàlaia o

Alaska, però, amb el Vivian, de tant en tant tornàvem al Chardonnet. Durant uns quants anys, ell havia estat visualitzant una línia a la cara oest de la muntanya, una cara plena d'esperons de granit vermell que oferien una roca excel·lent per escalar-hi a l'estiu. I jugant amb la imaginació havia trobat una possibilitat d'enllaçar petits corredors de neu amb vires sobre la roca que portaven des del cim fins al peu de la paret amb una continuïtat gairebé total.

A finals de desembre del 2015, vam fer un primer intent. Hi vam entrar massa tard, a la paret, i a causa de les seves múltiples exposicions, la neu es transformava a diferents velocitats i feia que la complexitat augmentés. El segon cop que hi vam anar va ser per Nadal. La muntanya ens va regalar un dia perfecte, amb el cel blau i sense vent. A més, estàvem sols en aquella vall, normalment concorreguda en excés. Devia ser perquè era el 25 de desembre. Mentre la majoria de la gent era a casa, tallant el pollastre i acabant de fer bullir el brou, nosaltres estàvem buscant una resposta a la paret oest del Chardonnet, a quasi quatre mil metres d'altura. Vam pujar al cim i vam fer la baixada per aquesta cara de la muntanya, amb una interessant combinació d'esquí i *dry ski*, un concepte ideat pel Vivian per descriure la desescalada amb els esquís al peu en què, en arribar a un lloc on la neu s'acabava o minvava tant que la lògica induïa a muntar un ràpel fins a la porció següent nevada, seguíem baixant amb els esquís als peus, recolzant-los contra la roca, i, com si es tractés de peus de gat o de grampons, anàvem desgrimpant fins a tocar la neu altra vegada ajudant-nos de les mans o els piolets.

Si al començament aquesta tècnica servia per no haver de treure la corda i haver de deixar res a la muntanya, va arribar un punt en què les dificultats per desgrimpar en el *dry ski* demanaven una concentració i una imaginació tan grans, que el temps que dedicàvem a buscar els moviments i realitzar-los era el doble que calia per muntar un bon ràpel. És probable que sigui un exercici completament absurd, perquè, sens dubte, en aquestes dificultats és més ràpid i segur posar una corda i despenjar-s'hi o carregar els esquís a l'esquena i desgrimpar amb grampons als peus. Sigui com sigui, però, aquesta era la nostra absurditat. En el fons, no és igual d'absurd pujar a un cim per una via complicada que es pot escalar que fer-ho per una de més fàcil i segura? I, en general, no és inútil pujar muntanyes?

L'obertura que havíem fet no era la que havia imaginat el Vivian, la que el tenia captivat des de feia temps. No va ser fins a la primavera següent que es van tornar a ajuntar les millors condicions per provar-ho de nou. Em va arribar un altre missatge, just quan vaig acabar l'última etapa de la Pierra Menta, que havíem guanyat amb el Mathéo Jacquemoud: «Salut, artista! Felicitats! Et ve de gust intentar el Chardonnet dimarts?».

El diumenge següent es disputava l'última prova de la Copa del Món. Jo anava el primer. Amb el temps, però, he après que s'ha de deixar el descans per a més endavant, sobretot si tens l'oportunitat de passar un bon dia a la muntanya. I la baixada que em proposava el Vivian s'ho valia.

Quan escalàvem la via per on havíem imaginat que baixaríem, ens vam adonar de la bellesa de la línia. No era una baixada d'esquí de pendent que es pogués valorar per la inclinació. O per la llargada del recorregut. O per les dificultats del *dry ski.* O per l'escalada que havíem de fer. Es tractava d'un viatge amb esquís per una gran paret. Les paraules *esquí* i *alpinisme* assumien tot el significat. Era una orgia de sensacions, llarga, de cinc hores, que acabava amb la posta de sol just en arribar de nou a la glacera. Havíem aconseguit la fluïdesa, esclaus del moviment, per esquiar una vira de neu en forma de mitja lluna enmig d'una paret d'un granit rogenc.

L'Everest a l'hivern

Pensem en el Nepal i ens passen pel cap muntanyes majestuoses, boscos tropicals i poblets rústics escampats per valls silencioses. Els meus primers passos allà, per contra, van estar envoltats d'una calor insuportable, pols a l'aire, pudor de la contaminació que hi havia i soroll de centenars, milers, de cotxes que tocaven tots el clàxon alhora. Enmig del caos i ben sorprès, el Jordi Tosas i el Jordi Corominas, que ja m'esperaven a l'aeroport, em van agafar de la mà per rescatar-me i em van portar a descobrir les grans muntanyes. Era el mes de febrer del 2012.

Vam anar tots tres sols cap a una vall a la frontera entre el Nepal i el Tibet, i durant quatre setmanes vam ser uns elements més del paisatge de les muntanyes altes, que freguen el cel i les fronteres, més enllà de l'anomenada zona de la mort. Hi vam esquiar pendents de neu pols, vam escalar parets immenses de glaç i vam caminar per morrenes que no s'acabaven mai per arribar molt amunt.

No vam assolir cap cim, però en els viatges per les muntanyes i les seves parets, en els intents i en cada passa, vaig omplir-me com mai de coneixements. Vaig saber que el que és més difícil d'aprendre en aquest món de dimensions inhumanes és la senzillesa, perquè és la representació més depurada del compromís i la incomoditat.

El resum de l'expedició es fa aviat: tres companys, tres motxilles, tres parells d'esquís, una petita tenda i una cullera per compartir el menjar, un liofilitzat per a tots tres cada dia. Tot plegat per passar un mes sencer en què em van mostrar què eren realment les muntanyes de l'Himàlaia —solitàries, llunyanes i despoblades—, on la nostra presència no va deixar res més que unes traces a la neu que desapareixien al cap d'unes hores, quan el sol les fonia o les nevades les colgaven. Em van ensenyar que en una motxilla de quaranta litres hi cap tot el que realment necessitem per pujar qualsevol muntanya del món si la volem escalar amb l'estil més senzill, que és el que em van encomanar els Jordis. Aquella motxilla, en realitat, jo la vaig acabar d'atapeir amb altres tresors: els silencis entre les poques paraules que pronunciaven ells dos —observant-los podies omplir una enciclopèdia— i les idees que proposen que *menys* és més, *fer* no és res i el *com* ho és tot.

Alguns alpinistes s'entossudeixen perquè la nostra activitat no evolucioni. Són com una mena d'*amish* de les muntanyes, que reneguen de la tecnologia que ens proporcionen els avenços tècnics i els nous materials, que ens permeten pujar més fàcilment els cims. Aquests integristes no agafen telefèrics per elevar-se fins a dalt del cim, ni s'enganxen a les cordes fixes que hi ha a les muntanyes per no matar-se si cauen. No s'aferren a l'oxigen embotellat que els permetria pujar millor i trien estar-se en una tenda estreta menjant entre tres un liofilitzat podent agafar aire en un campament amb totes les comoditats, connexió a internet i menjar deliciós. I tot això només perquè no volen que els empaquetin en un helicòpter fins allà!

Un cop han pujat a la muntanya, s'estimen més carregar-s'ho tot a l'esquena en lloc de repartir-ho entre portadors, que viuen del que cobren per la seva feina. Però que no van al supermercat en cotxe, aquesta gent? Que no agafen l'ascensor per pujar a casa? Que tenen espelmes a la tauleta de nit?

Ja feia temps que me n'havien parlat, d'aquests individus; fins i tot n'havia llegit alguna cosa. Alguna vegada havia ensopegat amb algun, però és difícil distingir-los de la gent normal quan no són a les muntanyes, perquè es camuflen molt bé a la societat. Potser el teu professor de física o de filosofia és un membre d'aquest clan, i tu no ho saps. O ho és el programador informàtic que et diu aquelles paraules tan estranyes quan et parla del seu ofici, o el treballador del súper que escaneja els codis de barres, o el senyor que et fa aturar a la carretera quan fan obres. No sabràs qui és fins que no el vegis despullant-se de les facilitats a les muntanyes, ho sento.

Aquell 2012, al Nepal, sense que en fos conscient fins que va ser massa tard, em vaig enredar en un viatge amb dos membres d'aquesta secta. Es diuen Jordi Tosas i Jordi Corominas. I des de llavors formo part d'aquesta colla de sonats. Vaig notar els primers símptomes d'abducció quan em vaig sorprendre a mi mateix escoltant-me dir frases dels gurus d'aquesta secta com ara «No hem d'adaptar les muntanyes a les nostres capacitats, sinó treballar les nostres capacitats per adaptar-nos a les muntanyes». Potser, penso ara, anar contra l'evolució és l'evolució més perfecta.

Érem al 2017 i s'acabava l'hivern. Al cap de poques setmanes havia de tornar a l'Himàlaia. Des de l'estiu, havia estat pensant què hauria de millorar per guanyar en eficiència i per ser, com deia el Jordi Tosas, un franctirador. El primer que s'havia de canviar tenia a veure amb el viatge. Era imprescindible que fos curt, molt curt, per no perdre motivació ni energia en els trajectes, i per això s'havia de treballar molt bé la logística. Els de l'associació tibetanoxinesa de muntanya, la CTMA, que són els que donen els permisos per pujar a les muntanyes, i les agències havien d'entendre que no hi anàvem a fer turisme. Nosaltres no volíem anar a visitar Katmandú i fer paradetes al llarg del viatge per visitar monuments i aclimatar-nos lentament. Nosaltres el que volíem era arribar tan ràpid com fos possible a la muntanya perquè ja arribàvem aclimatats. L'aclimatació, justament, era el segon punt que calia treballar, i és per això que vaig dissenyar, a partir de l'experiència que havia acumulat els altres anys, un protocol que consistia a passar unes tres-centes hores en altura abans de marxar, entrenant o dormint. Els entrenaments eren molt intensos, perquè al matí ja sortia a la muntanya amb esquís entre quatre i deu hores i a la tarda em posava a córrer una hora en altura a una gran intensitat. Quedava tan fet pols que després el mareig em durava un parell d'hores. Els entrenaments del matí servien per preparar-me físicament però també mentalment, amb l'objectiu d'estar confortable a la muntanya. Crec que la principal dificultat de les grans muntanyes és que no ens hi trobem bé perquè les condicions són molt diferents de les que tenim en el dia a dia. Havia de treballar el cos i la ment per sentir-me amb un cert confort en les situacions en què m'havia de trobar. És el que acostumem a anomenar *acceptar el compromís*, que no és res més que assumir la incertesa del que ens trobarem.

Has de ser capaç de controlar les emocions, quan et trobes en una situació de dubte, i aconseguir fins i tot eliminar-les i deixar que la raó i l'instint siguin els únics que actuïn.

El pols em bategava més fort. Bum-bum, bum-bum. No més ràpid, amb més intensitat. Em feia tremolar a cada percussió, com si em volgués recordar que era viu, que el meu cor era allà, treballant per mantenir-me al món. Les cames volien avançar, però no sé què era el que no deixava que avancessin, el que els alentia el pas, esperant potser algun senyal que fos l'excusa per fer mitja volta i tornar a un terreny més horitzontal.

Sentia por i atracció alhora; anava demorant el ritme, examinant amb minuciositat la paret que tenia davant; n'escrutava cada centímetre, amb tanta precisió, que, dins els guants, sentia que les mans em suaven com si ja estiguessin prement els piolets. Hauria pagat per estar escalant, ja, però al mateix temps era el que més temia, navegar en aquella mar de paret de gel i roca desconeguda. Durant dies havia fantasiejat imaginant-me el cos mentre pujava. La motivació era màxima, i no hi havia res que desitgés més en aquell moment que ser allà dintre. Però, quina paradoxa, en lloc d'accelerar, alentia el ritme. Els meus sentits, ben concentrats, buscaven el mínim senyal per trobar l'excusa definitiva i abandonar amb la consciència tranquil·la, amb el convenciment que no era una derrota sinó una victòria de l'experiència i la sensatesa.

Amb el cervell com a camp de batalla entre les pulsions racionals i les emocionals, em vaig anar apropant a poc a poc a la paret. Em vaig aturar un moment al peu, on una petita rimaia s'obria sota meu. Era el moment de prendre *la* decisió final. Quin dels dos bàndols en lluita havia guanyat? L'instint de confort o l'acceptació del compromís?

Vaig clavar els dos piolets al gel i vaig començar a escalar.

Tot i que encara no havia arribat al punt de no-retorn, perquè podia desgrimpar els metres que estava pujant, sabia que només hi havia una direcció: endavant i amunt.

El pendent de gel s'anava redreçant progressivament i escalava a un ritme constant i melòdic, amb fluïdesa i tranquil·litat. Una primera secció vertical em va portar a una zona curta més confortable, on vaig poder descansar els avantbraços, que començaven a acumular àcid làctic. Mentre estirava els braços per treure'n la tensió, vaig mirar cap avall: a uns vuitanta metres veia les meves traces a la neu, fent ziga-zaga fins a aproximar-se a la paret; més avall, el fil s'anava aprimant i desapareixia perdut al fons de la vall.

Vaig escalar uns quants metres més en un terreny confortable fins a la secció vertical següent, una vintena de metres de gel de pocs centímetres de gruix placat sobre la roca llisa. Vaig clavar-hi un piolet i vaig fixar-me que la làmina entrava amb facilitat. Amb massa facilitat. El gel dur i sòlid que havia trobat fins llavors s'havia transformat en una espuma de neu congelada que s'adheria a la roca. Posava pes al piolet i lliscava tallant l'espuma cap avall. «Quina merda!»

Pocs dies després d'haver-nos traslladat a Romsdal amb l'Emelie, aquella paret m'havia enamorat. No era tan alta com la veïna Trollveggen, ni tan estètica com el Romsdalshorn. La veia cada vegada que baixava al poble a comprar. Llunyana i propera alhora, no havia trobat cap llibre que en parlés, ni cap mapa ni ruta, i això encara la feia més atractiva. Era una paret de roca d'uns sis-cents metres, sempre a l'ombra perquè està orientada al nord. Des del poble es veia la seva forma de muralla, d'un granit negre, vertical, amb fines cascades de gel que apareixien i s'ocultaven al mig de la paret, i una *goulotte* de gel que baixava en diagonal des d'un dels costats, però que es quedava penjada bruscament a uns cent metres del terra. Per arribar-hi s'havien d'escalar els cent metres de roca llisa. Era impossible sense l'ajut de proteccions, i era molt vertical. Però la fortuna va enviar un vent que des del nord va portar unes nevades que no van caure verticalment sinó de costat; amb la humitat del mar, la neu i el gel van quedar literalment enganxats a la paret. Era un regal, ja tenia l'oportunitat per arribar a la *goulotte* que veia cada dia.

Arribat en aquella altura, vaig veure que el gel no era prou espès per aguantar-me el pes en un terreny vertical. El dubte em va envair; aquell dia, el cervell m'havia dit que pujaria, però un cop allà... Encara tenia l'opció de desgrimpar amb compte els vuitanta metres que havia escalat i tornar a casa esquiant, o pujar un altre cim de la vora per desfogar-me. Però, vaja, el cas és que vaig provar l'atac altra vegada, buscant alguna feblesa a la cascada. Vaig flanquejar primer cap a la dreta, però el gel no es feia més ample. Vaig baixar uns quants metres fins a tornar a trobar un gel sòlid i aprofitar per estirar els braços. Només em faltaven una vintena de metres per arribar a la *goulotte*, i abans de baixar vaig intentar-ho un últim cop, cap a l'esquerra. Havia volgut evitar aquell costat de la cascada perquè era el límit de la roca, unes plaques totalment llises i verticals, i es podia veure que el gruix del gel no superava els deu centímetres. «Ara sí, fantàstic!» En clavar el piolet, vaig sentir un gel espuma una mica més sòlid que al centre de la cascada. Almenys aguantava el pes, però, com que era tan fi, no podia picar amb força perquè es podria trencar tot el gruix. Vaig picar amb suavitat, fins a una o dues dents del piolet van entrar i els peus van pujar amb delicadesa, sense picar gairebé el glaç, i vaig aprofitar que hi havia una escletxa a la roca per posar-hi la punta del grampó. Vaig aguantar una mica la respiració i vaig pujar amb rapidesa els vint metres verticals fins que el gel es va tornar a engruixir. Un parell de metres lleugerament desplomats per l'acumulació de gel em van demanar que premés els piolets amb força, i que no mirés els cent metres de buit que hi devia haver entre les meves cames. Vaig estrènyer els piolets amb tanta força que, si un dels peus o de les mans cedia, estava segur que em podria aguantar igualment.

Quan vaig arribar a l'inici de la *goulotte*, vaig respirar amb força, expulsant tota l'adrenalina i els temors. Les dificultats semblaven menors, o almenys no eren tan mantingudes, però a partir d'aquell moment només hi havia una sortida: per dalt. A partir d'allà ja no seria capaç de desescalar si em trobava amb una dificultat que no pogués superar. Vaig seguir pujant, descobrint a cada pas els entrebancs, i decidint per on havia de continuar confiant a cegues en la meva intuïció.

Sóc conscient que moltes persones poden pensar que la línia que marca la frontera entre el compromís total i la inconsciència pot ser molt prima, si és que creuen que existeix. En realitat, és enorme. La mort —sí, es veritat— seria el resultat més probable en el cas d'una caiguda en altura, i una excepció seria un cas de sort extraordinària. El que hi ha al darrere d'un compromís acceptat, no obstant això, encara que sigui en un terreny desconegut, és el resultat d'un gran estudi de les condicions, d'una previsió molt acurada, després d'observar una vegada i una altra des del peu d'una paret o des d'uns altres cims les dificultats que es poden trobar.

S'ha de tenir ben imprès al cap el risc de la dificultat d'un passatge tècnic, i saber que es té el nivell tècnic per superar-lo. Pot ser fàcil, moderat, confortable o de grau màxim, i en funció d'això s'ha d'acceptar el repte. Si es cau és perquè s'ha sobreestimat el nivell tècnic o perquè s'ha comès un error, també en la tria del material.

S'han de tenir igualment en compte les dificultats de les condicions, dels riscos que presenta la muntanya en si: el risc d'allaus, la qualitat del gel o la roca descomposta, la meteorologia... Aquí hi intervenen molts factors, des de l'experiència fins a l'observació i la planificació, però, per més compromís que es busqui, sempre s'ha d'acceptar el factor del percentatge de sort, i s'ha de ser conscient que no sempre es pot controlar tot. Sigui com sigui, s'han d'haver acumulat mil recursos per poder prendre una decisió ràpida, i correcta, en cas que sigui necessari.

La percepció del risc és molt personal, molt de cadascú. Tot i que depèn de l'equació entre les capacitats pròpies, l'experiència, les condicions i les dificultats de la muntanya, l'acceptació del compromís és sempre individual.

Vaig superar l'últim ressalt de roca i vaig veure la cornisa que es formava a l'aresta; llavors vaig pujar aquells últims metres amb tranquil·litat, fins que vaig coronar la paret. A continuació, vaig assolir el cim i vaig baixar per l'altre costat.

Com que encara era bastant d'hora i tenia tot el dia per endavant, vaig pujar un altre cim i un altre i un altre, fins que l'horitzó començava a retallar el sol. Finalment, vaig decidir tornar a casa, satisfet perquè, aquell dia, havia vençut les meves pors. Havia treballat les emocions i, de passada, havia fet un bon entrenament.

Capítol 5

Experiències que et canvien per sempre

Buscàvem l'ombra dels grans arbres tropicals per protegir-nos de la calor, que convertia la llera d'aquell riu de gran cabal en un forn. Havíem arribat a una platja ampla, en un punt on el canyó profund s'eixamplava una mica i ens deixava veure el sol entremig de l'espessor d'aquella jungla. El sol ens picava a la pell, però hi corria una mica d'aire, que s'emportava un pèl aquella xafogor polsegosa que no ens deixava respirar. Estàvem bruts de pols i fang.

Feia un dia sencer que esperàvem l'helicòpter que ens havia de tornar a Katmandú. Havíem tret de la platja les pedres més grosses i havíem dibuixat un perímetre pla perquè l'aparell hi pogués aterrar. El silenci al cel, però, era absolut. Vam haver de moure el cos pesant un parell de vegades. Tot i que l'havíem embolicat amb bosses de plàstic, quan li tocava el sol, la pudor que desprenia era insuportable.

Durant el dia anterior havíem baixat les despulles d'aquell home anònim per camins enterrats sota allaus de pedra, fins que vam trobar la platja. Sembla mentida com pot arribar a pesar un mort! Havien calgut cinc o sis persones en els trams més tècnics. I, sense saber gaire bé com, ara estàvem compartint el poc menjar que ens quedava amb mitja dotzena de nois del Tzahal, les Forces de Defensa d'Israel. Parlàvem poc, perquè l'ambient era rar.

Ells havien vingut a buscar el seu company amb l'esperança que hagués sobreviscut al terratrèmol que havia sacsejat el Nepal aquella primavera del 2015, i nosaltres feia una setmana que estàvem preparant les motxilles per intentar pujar a l'Everest dins el projecte Summits of My Life. La barreja era estranya: tres antimilitaristes convençuts i sis soldats que venien de la frontera de Gaza. El cansament començava a fer forat. Ells no havien pogut trobar amb vida el seu company, però manifestaven que era molt important que el poguessin enterrar al seu país. Nosaltres, per la nostra banda, encara no sabíem ben bé per què havíem acceptat ajudar aquells soldats en una empresa que era costosa i inútil: treure un cadàver d'una vall on n'hi havia tres-cents més de colgats sota les pedres.

Durant els dies precedents, pujant per la vall, havíem trobat unes desenes de morts, que reportàvem via satèl·lit a les ambaixades de Katmandú i als controls militars de diversos països que s'havien atrevit a desplegar-se pel territori. El terratrèmol havia sigut una autèntica catàstrofe, en un país pobre com el Nepal, on les cases són poca cosa més que refugis construïts pedra sobre pedra, que es tomben amb la més petita tremolor.

Quin era el destí que tindrien els altres cossos escampats per la vall? Feia feredat de comprovar la distància que hi havia entre els mitjans que s'esmerçaven per recuperar el cos d'un turista d'un país ric i l'oblit a què es condemnaven els nens i els ancians nepalesos amb qui compartien destí sota tones de minerals.

El suport internacional per ajudar els damnificats va ser enorme. El Nepal és un país pobre, però cada any rep un milió de turistes de països rics, i aquest factor era decisiu per entendre el gran desplegament de mitjans perquè tot tornés a la normalitat. Malgrat la gran quantitat de grups de tota mena desplegats, la coordinació era nefasta i, a sobre, el govern va aprofitar per embutxacar-se part dels ajuts que arribaven de fora, tants com va poder. Moltes de les energies, a més, es dissolien en la burocràcia.

La nostra ajuda va ser petita, però puc assegurar que tant al Seb Montaz com al Jordi Tosas i a mi mateix, ens va deixar marcats amb foc. Durant un mes vam col·laborar, primer, amb els militars per buscar i identificar els cossos dels morts de la vall del Langtang i, després, amb diverses ONG per portar menjar als supervivents i avaluar els danys als pobles més elevats de la regió del Ganesh, molt inaccessibles i on només podíem arribar corrent després d'uns quants dies de marxa. Vam acabar exhaustos.

Després de tot allò, a la tornada, vaig voler recuperar tan ràpidament com vaig poder la meva vida normal, amb unes preocupacions que no anaven gaire més enllà de si ara estic més o menys en forma, si tinc la logística a punt per atacar una cursa o si les disputes que escolto a la ràdio tenen algun interès. Durant un curt període havíem viscut una realitat tangible, en majúscules, on els maldecaps eren reals: menjar, dormir, sobreviure i salvar la vida dels altres. Va ser per deixar tot allò enrere que vaig decidir passar pàgina i vaig canviar el bitllet d'avió per anar directament a Zegama, on l'endemà mateix disputaria la marató.

Durant la cursa, ja de bon començament, em vaig trobar bé. El fet d'haver passat un mes en altura em donava força. Mentre corria envoltat de milers d'espectadors, amb tot, tenia el cap en un altre lloc, i em sentia brut per estar protagonitzant una activitat banal i improductiva i viure envoltat de l'eufòria que desperta l'espectacle de la barreja de corredors i aficionats. En un altre lloc, a poques hores en avió, la vida era ben diferent.

Vivim en un món de realitats paral·leles que s'observen entre si, però que no es volen entendre. Quan ens llevem al matí, i repassem la premsa o consultem Twitter, ens fa la impressió que som a tot arreu. Veiem les imatges d'un atemptat a Bagdad o d'una manifestació a Múrcia o d'una pastera que s'acaba d'enfonsar davant d'una illa grega o... I com que, de fet, tots som pares, fills o immigrants, ens hi identifiquem. Passen uns quants segons i llegim el comentari d'un polític tret de context, i l'aplaudim o ens indignem. A continuació, ens crida l'atenció un vídeo que s'ha fet viral i ens fem un tip de riure amb una bestiesa qualsevol. I després... I després... Tot ens sembla pròxim i tot ho vivim virtualment. Així és molt fàcil que tot ens ho fem nostre cada dia. Fins que arriba l'instant fatídic en què llegeixes un article sobre una matèria que coneixes en profunditat, i, a mesura que el vas llegint, et va pujant des de l'estómac un rosec d'estupefacció, perquè t'adones de cop i volta de les barbaritats que es poden arribar a dir. I és això el que t'acaba fent dubtar de la veracitat de qualsevol notícia que t'arriba d'un àmbit que desconeixes. L'aparença domina per sobre dels fets, i molt sovint tot plegat es redueix a trobar una polèmica fàcil per fer pujar l'audiència dels mitjans. Mentrestant, lluny de cap debat, la injustícia continua, els que pateixen continuen patint en el seu món. Ja ens podem pelar els dits fent *likes* o compartint enllaços: les dues realitats paral·leles no confluiran.

Al materialisme capitalista de la nostra societat del benestar, fa uns quants anys que hi hem afegit el materialisme de la imatge personal. La construcció de la imatge era fins no fa gaire una ocupació exclusiva de polítics o cantants, però avui ja ningú se n'escapa. Tot devia començar quan ens van voler posar a nosaltres mateixos en el centre de tot, amb els típics missatges dels emprenedors tipus «Tu ets la teva pròpia marca!». Devia continuar amb les empreses seleccionant els treballadors a partir d'entrevistes als candidats amb informació treta dels seus perfils a les xarxes. O amb les multinacionals tecnològiques, que ens deien que som millors o pitjors, autèntics i únics o una merda segons els *likes* i els comentaris que acumulem. O amb la pèrdua de la intimitat, quan tothom que hi tingués interès podia saber què menjaves, quina música escoltaves, on et compraves els mitjons, a qui admiraves o on pensaves anar de vacances a l'estiu. Ens hem obsessionat, i ara som una plastilina llefiscosa que anem treballant per assemblar-nos a un model. Ens hem acabat convertint —ens han acabat convertint— en una petita peça del comerç universal.

Cada vegada és més difícil saber on és la frontera entre el que anomenem *jo* i el que diem que és *meu*. Ara mateix ens hem cregut que *som* el que *tenim*: el meu cos, les meves facultats mentals, la meva roba, la meva casa, la meva esposa o el meu marit, els meus fills i els meus amics i, fins i tot, la meva reputació, la meva feina i el meu compte bancari. Els sentiments els orientem cap al que tenim i perdem de vista l'interès pel que som. Les pautes de satisfacció o de frustració depenen de si podem ajuntar o no un adjectiu possessiu a un substantiu. I aquesta tendència em sembla que és molt difícil de reorientar.

L'esport no ha sigut immune a aquest canvi. Ans al contrari, l'ha viscut amb més intensitat i més velocitat que altres camps. La pràctica esportiva que ara ens venen és espectacle, i l'espectacle necessita públic. I el públic ja no és als estadis. O, vist d'una altra manera, sí que hi és: es troba en l'estadi únic en què s'ha convertit el món. Cadascú hi té un seient de preferència, a casa. L'esportista ho és les vint-i-quatre hores del dia, i no tan sols es dedica a entrenar, sinó que ha de viure *autènticament*, ha de tenir un *discurs* per a tot. I com que el que diu no ho explica només als quatre friquis que hi entenen —l'audiència ja no és minoritària sinó global—, tot es relata de manera senzilla i simplificada, per tenir l'oportunitat de captar ràpidament l'atenció d'un públic que rep informacions semblants a la velocitat amb què una metralladora escup els seus projectils. Ja ho sé: disposo de cinc o sis segons per comprimir una imatge espectacular, que et deixi sense respiració, espectador, que t'enganxi perquè té interès o només perquè t'entreté. No calen explicacions complicades i detalls *insignificants* que ja veus tu quin interès poden tenir, s'ha d'anar directament al titular fàcil, a la xifra que s'entengui i que es pugui comparar, a la competició entre notícies, entre esportistes, entre persones.

Tot això és un problema molt greu. Tot ho fem perquè *arribi*, però, volent arribar a tothom, de cop i volta ens adonem que ens hem descuidat d'una cosa: ja no som capaços d'arribar a nosaltres mateixos. I, sense ser-ne conscients, hem canviat la perspectiva, perquè actuem o pensem o escrivim sabent que som observats i analitzats. La conseqüència: estem canviant el que fem i, sobretot, com ho fem.

I jo no me n'escapava, de tot això. La gent volia que guanyés curses i, com que no em costava gaire, les guanyava, però llavors el que s'esperava de mi era que trenqués rècords pujant a aquell cim o escalant aquella altra muntanya, o que digués el que tocava dir o defensés el que representa que havia de defensar. Si, durant molt de temps, el que jo desitjava i el que la gent em demanava coincidia, ara, no sabia ben bé per què, l'aliança s'havia trencat i jo era presoner dels projectes dels altres.

En tornar del Nepal, d'aquell infern devastat on contrastava l'opulència occidental i la humilitat domèstica, vaig sentir amb molta intensitat, íntimament, la hipocresia dels mons paral·lels, i vaig tenir la certesa que en un tancar i obrir d'ulls, sense buscar-ho, tot es podia ensorrar, tot podia acabar. I no volia que m'arribés el dia fatídic en què hagués de valorar el que havia deixat de fer esperant un futur que qui sap si existeix; no volia que el meu camí es desviés ni que fos mínimament per guanyar més curses, més fama o més diners. I, encara que aquesta decisió em fes destrossar la imatge que havia creat de mi mateix, volia matar Kilian Jornet, volia matar el *personatge*.

La semàntica és important. El nom que portem acumula connotacions i amb el pas dels anys ja no és només la forma que ens distingeix dels altres quan la sentim si algú ens crida, sinó que es converteix en una motxilla amb incrustacions que ja no es poden desprendre. Sentim ansietat si no comprenem i dominem el que ens envolta, i és per això que assignem un nom a cada cosa, perquè així ens fem la il·lusió que l'entenem i la posseïm. Si un lloc no té nom, no existeix. Pensem a través del llenguatge, i si no trobem la paraula precisa per descriure el que pensem, veiem o sentim, tot es perd en l'oblit i desapareix, no ha *existit*.

Coneixem els corrents filosòfics per com s'anomenen, les persones tenim nom, i les muntanyes també. Els habitants de Grindelwald no va ser perquè sí que van anomenar l'Ogre (Eiger) la muntanya que els feia ombra, els italians van designar com a Cerví la piràmide aostana, i, a l'altre costat, els suïssos el van anomenar Matterhorn, 'el corn mare'. Els noms poden ser lògics, descriptius, com el Mont Blanc, la muntanya blanca, o el Pedraforca, per la forma bifurcada. També tenim el Puro, el Pic du Midi... La imaginació de vegades es pot desfermar, i és per això que, a voltes, veiem atributs humans en la natura: el Grand Teton a Wyoming —per la forma de pit dels pics—, o el Cavall Bernat a Montserrat —on cavall seria un eufemisme de *carall*, 'penis'—, o el Shivling a l'Himàlaia

—un altre cop el penis, ara el bífid de Xiva—. D'altres provenen de les creences que les muntanyes eren llocs amb característiques gairebé sobrenaturals, com és el cas del Mont Maudit —'maleït'—, les Aiguilles du Diable, el Pic de l'Infern o el Monte Disgrazia. També n'hi ha en què no mana precisament la imaginació, i es fan servir sèries de lletres i números i prou, per situar el cim en un país desconegut per al topògraf, com és el cas del K1 o el K2. N'hi ha que tenen el nom del *descobridor*, sense tenir en compte que els habitants dels llocs els devien anomenar d'una manera o altra: Mount McKinley, Mount Cook, Fitz Roy, Pic de Russell. En aquesta categoria entra el més alt de tots, l'Everest. Durant els anys imperials britànics, els colonitzadors van projectar la cartografia de l'Índia i el van anomenar pic XV, però quan es van adonar que era el cim més alt de tots van decidir posar-li el nom del cap del projecte cartogràfic, George Everest. Era igual que fes més de trescents anys que els invasors xinesos l'anomenaven Qomolangna. Els nepalesos, com que veien que atreia turistes, als anys seixanta van contribuir a la inflació toponímica i el van anomenar Sagarmatha.

La força de la paraula espanta, perquè la pronunciació modifica el significat. Pot calmar o espantar, pot banalitzar o glorificar. Però hem d'entendre que l'existència de les muntanyes és prèvia al nom que els han assignat les persones. Es diguin com es diguin, seguiran sent elles mateixes, igual com les persones continuarien sent encara que no tinguessin ni nom ni cognom, i continuaríem experimentant sensacions, a pesar que no trobéssim les paraules per descriure-les.

El que jo notava era que el cor em deia que volia tornar a pujar muntanyes que no tinguessin nom, i sentir de nou sense saber com descriure els sentiments.

Havien passat dos anys des del terratrèmol del Nepal i era a Noruega, a la granja on visc amb l'Emelie. Estàvem reforçant una tanca per a les ovelles que feia poc que havíem portat allà. La setmana anterior havíem vist que eren capaces de saltar per sobre del filat metàl·lic, i una vegada els animals havien descobert l'habilitat que tenien no se n'estaven gens, i quan podien emulaven el protagonista de *La gran evasió*. Fins que una s'hi va quedar enganxada. Devia aprendre amb dolor la naturalesa de les trampes en què pots caure quan busques la llibertat.

No sabíem quant de temps duraria el respecte que ara tenien a la tanca i quan recuperarien la voluntat de fugir saltant més alt, així que ens vam voler avançar als seus pensaments i vam decidir reforçar una mica l'altura d'algunes parts. Aquell matí havia d'anar al poble i em vaig oferir per comprar els pals i el tros de xarxa que ens faltava, per poder acabar la feina aquella tarda mateix. Quan vaig demanar els materials a la botiga, el dependent va captar de seguida que el meu accent noruec no era gaire ortodox, i, mentre m'ajudava a carregar el cotxe amb la compra, em va dir en un anglès exemplar i un somriure que no li cabia a la cara que estava satisfet que els estrangers trobéssim atractiu d'anar a viure en el cul-de-sac que eren aquelles muntanyes. Em va preguntar si era del Marroc. Li vaig contestar que més o menys de per allà.

Efectivament, tot i que jo no sóc gaire hàbil per a aquestes coses, vam acabar el tancat. No sóc gens devot d'encadenar-me a una terra, però és molt agradable veure que la feina que fas té el seu fruit. De cop, vaig sentir molt endins que tots els períodes que passava fora de casa *pujant muntanyes* els devia a l'Emelie.

En aquella època de l'any, al començament de l'estiu, el sol no s'amaga, i és un període ideal per sortir a voltar durant moltes hores seguides. Córrer és la manera més humana que tenim per desplaçar-nos, és la més pura i senzilla. La que més s'hi acosta és caminar, que no és res més que el que fa un corredor quan es cansa. Totes dues activitats compleixen un dels objectius primers de l'ésser humà: desplaçar-se. I el desplaçament és el sinònim del descobriment. Per a mi és una de les pulsions bàsiques de la vida. Sense, no hi ha aprenentatge. I, a més, un cop emprens una direcció, la pots anar bifurcant i multiplicar-la fins a l'infinit.

Cada dia de l'any surto a córrer o a esquiar per entrenar, però hi una diferència elemental entre fer un entrenament i fer una activitat: la incertesa d'aconseguir el que et proposes. I ara, després d'un any parat per les lesions, tenia ganes de fer alguna activitat per posar-me en dubte i tornar a viure amb intensitat, buscar el meu límit en algun aspecte concret. No tenia ganes de viatjar lluny. Moltes vegades, la bellesa s'amaga rere la porta de casa, vaig pensar. És per això que vaig decidir dur a terme una activitat molt senzilla que em demanés el màxim: sortir de casa, pujar fins a un cim i anar seguint les crestes fins que les cames o el cor em diguessin que prou, que ja no podien més.

Un divendres de finals de juliol vaig preparar una motxilla amb tot el que em podia fer falta per passar uns quants dies sense aturar-me per les muntanyes: una jaqueta, uns guants, una vintena de barretes energètiques, una corda curta, un piolet i poca cosa més. Després d'esmorzar, vaig sortir de casa corrent, com cada dia, però no sabia quan tornaria. L'Emelie em va acompanyar fins al primer cim, enmig d'una boira que tenyia les valls d'un color grisós, trist. En arribar per sobre dels mil metres vam superar-la i ens vam divertir corrent sobre un mar de cotó fluix, amb el sol escalfant-nos les cares i la vista distingint les illes punxegudes a l'horitzó. «Em vull quedar aquí, anant sempre de cim en cim pels fils que els uneixen, sense entrar mai al núvol.» L'Emelie i jo ens vam dir adéu. Ella va fer mitja volta i jo vaig continuar endavant, pel fil de l'aresta, fent equilibris perquè no se m'empassés el núvol que m'envoltava. Era molt blanc i suau, però no hauria aturat la meva caiguda.

Normalment, quan començo una activitat, el primer moviment que faig és posar en marxa el cronòmetre. Aquest cop no ho vaig fer. Tinc la rapidesa incrustada a l'ADN, però no volia anar de pressa, sinó tirar lluny i que no en quedés constància.

Pas a pas, pedra a pedra, cim a cim, vaig seguir el fil de l'aresta. El sol escalfava amb força i estava sol per sobre dels núvols. La resta de persones eren dins la boira lamentant-se de la grisor del dia, i no sabien que tenien el paradís ben a prop, només els calia pujar una estona. Aquest lloc idíl·lic es dibuixava davant meu com una serp. Una desena de cims se succeïen units per l'estret llom de roca, i més enllà encara n'hi havia una desena més, i una altra, però aquesta ja quedava tan lluny que no la distingia amb claredat. Però jo m'hi acostava ballant una dansa fluida, flirtejant amb un cert risc per fer-la excitant. Jugava amb unes dificultats que eren dins la meva zona de confort, això sí, però em demanaven un esforç per mantenir la seguretat. Explorava la creació d'un moment íntim i privat, molt més íntim i privat que el sexe.

No sabia quina hora era i el meu cos no es deixava enganyar per la il·lusió que el temps no importava. Havia fet més de set mil metres de desnivell positiu i ja començava a sentir el cansament. La cresta que havia anat seguint durant tot el dia va arribar al final i vaig haver de baixar a la vall per pujar al massís contigu i encetar una altra aresta. Vaig deixar les de roca i neu i em vaig endinsar als boscos, cada cop més frondosos, fins que vaig començar a sentir l'olor de mar i a trobar-me les primeres cases d'un poble. En aquesta latitud, el sol es pon un parell d'hores, i va ser just llavors, amb un punt de foscor, que vaig travessar la vila, que encara dormia. Per no fer nosa, vaig passar de puntetes davant les quatre cases que hi havia i vaig continuar per l'altre costat de la vall, deixant enrere l'aroma marítima i els arbres més densos i els arbustos fins que em vaig trobar finalment on em trobo més a gust, en el regne mineral.

La penombra encara manava quan vaig atacar la cresta següent, un fil estret i vertical que en marcava l'inici. Uns quatre-cents metres de paret rogenca em desafiaven, altius, i, a mesura que m'hi acostava, intentava endevinar-ne, sense gaire èxit, el punt dèbil. En arribar al peu, vaig intuir un sistema de fissures i diedres que semblava que tingués continuïtat, i em vaig posar a escalar. Era d'una dificultat de cinquè grau. Sense exigir, demanava concentració i precisió en els moviments, en una dansa vertical. Les vambes se m'adherien al granit amb suavitat i els dits avançaven per les fissures amb delicadesa, per no despertar-les.

En aquest terreny on la roca no veu gaires homes i escalant sense el comodí d'una corda, s'ha d'acariciar més que estrènyer, s'ha de fer l'amor més que follar. Abans d'agafar una presa, li donava uns copets suaus amb la mà o el peu per comprovar si era prou sòlida per aguantar-me el pes. Ballant encara en vertical amb la roca, li demanava permís a cada pas per agafar-li la cintura, per enfilar-me per les seves faldilles, sabent que si feia qualsevol moviment en fals em deixaria caure i em trencaria el cor.

Quan vaig arribar a la part superior, la paret va perdre la verticalitat i, per tant, la solidesa. Alguns matolls d'herba sortien entre les fissures, cada vegada més amples i nombroses, i eren gairebé l'única goma que mantenia enganxades les pedres a la paret. A vegades, fins i tot treia el piolet i el clavava al matoll per obtenir un punt de seguretat bastant estable. Així, amb pas lent però segur, vaig anar superant els obstacles i em vaig instal·lar de nou en les arestes. Com que ja tornava a ser en un terreny poc compromès, el cos em va parlar i em va dir que començava a estar cansat, molt cansat. Tot i l'estratègia d'anar menjant una barreta o un gel cada dues hores, ja en devia fer unes vint que corria i escalava i no m'havia aturat ni un segon. El llençol del cansament em va caure a sobre, com la nit, i em va tapar del tot.

No hi podia fer res. Ja podia menjar, ja, que l'energia no em tornava, i els peus, encara amb el record fresc de la lleugeresa, eren incapaços de posar-se a córrer, s'arrossegaven per les pedres. El paisatge no avançava i entre un cim i un altre el temps se'm feia etern.

És en moments com aquest que et demanes quin sentit té continuar. El cos, adolorit, s'endormiscava, els moviments eren maldestres i en els trams més tècnics cada gest em demanava una concentració tan gran que el ritme s'alentia a la meitat. El cap lluitava contra la son, esperava trobar un indret amable per estirar-me a l'herba i escalfar-me amb el sol, i dormir uns minuts per oxigenar-me. Però això no era possible, perquè encara quedaven unes hores perquè la claror solar banyés aquella cara de la muntanya, i primer volia superar aquell tram més tècnic. L'aresta que havia de recórrer la formaven una dotzena de pinacles de diferents formes i grandàries, alguns de tan estrets que només que s'ajuntessin quatre persones fent rotllana els haurien abraçat; d'altres feien més de mig quilòmetre de perímetre i uns quants centenars de metres d'altura.

En plena batalla contra la son i el boicot dels peus, amb la força de la tossuderia, vaig arribar a l'últim cim de la cresta. Vaig aixecar un moment el cap i vaig observar la paret que es precipitava sota els meus peus: mil cinc-cents metres avall fins al riu on reposava. Si ara tirava una pedra, no tocaria la paret i abans se l'empassaria l'aigua.

Vaig apropar-me fins al límit de l'aresta i vaig desplegar la corda. Buscava un bloc de pedra prou sòlid per aguantar el meu pes i, a poder escollir, una mica més. El vaig trobar i vaig fer lliscar la corda pel darrere. Com que era molt fina, podia recuperar-la des de baix després de fer el ràpel sense haver de deixar cap cinta a la paret. Vaig fer tres ràpels i vaig desgrimpar una mica, i em vaig trobar a la glacera, que em va permetre córrer cap avall deixant-me lliscar i guardant energia. Al cap de poc, vaig arribar al fons de la vall. Una carretera em va conduir fins a Åndalsnes, un poble d'uns dos mil habitants. En veure tanta gent, i tant de cop, em vaig adonar que feia poc més d'un dia que corria i que no havia vist ningú.

Vaig aprofitar per comprar unes barretes en una benzinera. Una llesca de pa amb formatge i mitja hora de son em van tornar la vitalitat de l'inici. Vaig reprendre el camí i vaig pujar a l'aresta següent, i corrent i escalant vaig cavalcar els cims que la formaven. Era una zona més turística, perquè de tant en tant em trobava persones que observaven el paisatge o escaladors que pujaven per alguna paret. La companyia em va amenitzar el recorregut. Mentalment m'anava picant amb ells: «Aviam si arribes al cim abans que el de la jaqueta vermella», «Ja veuràs com atrapes aquella cordada abans que surtin de la reunió». Un joc infantil, vaja, per mantenir-me despert.

Va ser d'aquesta manera que vaig anar enganyant el cansament, fins que al cap d'una desena d'hores em va ocupar tot el cos. Els peus em pesaven i no m'obeïen les ordres del cervell. Eren les últimes hores de la tarda i encara en tenia unes quatre de sol. El cim que em desafiava al davant era el més alt de la regió, tenia una llarga baixada i volia arribar-hi abans que l'ombra, perquè la neu encara estigués estovada per l'escalfor del dia, per poder baixar més ràpid i segur. Unes hores més tard, amagada en la foscor, seria dura com el vidre.

L'aresta que encarava no era difícil, però sí entretinguda i exposada, i demanava una certa concentració. En l'estat en què em trobava, potser trigaria tres o quatre hores a superar-la de forma segura. Ai, quina son que tenia! La vista se m'enterbolia i tot quan la fixava en el camí. Quina sensació d'angúnia quan camines i t'adones que t'estàs adormint. Oh, i quin gust quan vaig veure un raconet d'herba entre unes pedres. Quina profunda felicitat em va dominar imaginant-me allà estirat, tancant els ulls i dormint com un bebè. Poques coses, molt poques, poden superar en benestar una sensació com aquella. Vaig treure'm les vambes i els mitjons i els vaig posar al sol, perquè s'assequessin, vaig donar a la jaqueta la forma d'un coixí i em vaig estirar sobre l'herba tendra després de posar l'alarma del mòbil al cap de trenta minuts. Vaig caure fulminat per un son profund.

Estava plàcidament instal·lat en un somni i un brunzit em va despertar. Temps! El sol encara em tocava a la cara; l'escalfor era tan agradable com la brisa lleugera que s'emportava la xafogor. Gairebé com un autòmat, em vaig posar els mitjons i les vambes i tornem-hi que no ha estat res. Al cap d'un minut de caminar, el cos ja estava prou despert, vaig iniciar el trot i no vaig parar de córrer fins a arribar a la primera paret de roca. Les mans s'hi van enfilar amb facilitat i els peus les corresponien amb lleugeresa, amb una precisió que havia perdut unes quantes hores abans. A una velocitat que m'hauria satisfet en una sortida curta, l'aresta passava per sota meu, i jo ho vivia amb una sensació que s'acostava més a la felicitat que a l'excitació, la que s'obté quan el cos i l'esperit s'alineen. Feia de mal creure que tan sols una hora abans ho estigués passant tan malament, lluitant per no adormir-me, que em castigués jo mateix preguntant-me per què no parava de córrer i tornava a casa. I mira, poc després estava galopant com si m'acabés de llevar, amb una alegria que no hauria canviat per res del món. Sabent que aquesta sensació, aquest miratge de frescor, aviat deixaria pas a una altra, la vaig voler viure amb tota la intensitat.

Vaig tardar només una hora per arribar al cim i vaig baixar deixant-me lliscar per la neu tova mentre el sol queia. A la meitat de l'aresta, vaig bascular cap al costat fosc, abandonant l'escalfor i al mateix temps la zona més recorreguda, amb la certesa que trigaria si fa no fa vint hores a veure ningú.

Entre llacs i cascades sense problemes de subministrament d'aigua, les arestes tornaven a pintar-se d'un negre que dominava les pedres fracturades, de solidesa qüestionable, i la frescor del meu cos es va pondre com el sol. Tornava a estar rebentat. Amb la fatiga extrema, acceptem més riscos, per mandra i cansament. Quan ja feia més de quaranta hores que havia sortit de casa, la meva energia la dedicava sobretot a no acceptar les trampes que em parava la ment, a no deixar que el Kilian mandrós guanyés la partida al Kilian racional. Per fer que la monotonia no es fes amiga del cansament, em vaig voler capficar intentant trobar totes les paraules d'una cançó italiana que anava repetint una vegada i una altra, en un bucle: «*Ma ho visto anche degli zingari felici, corrersi dietro, far l'amore e rotolarsi per terra. Ho visto anche degli zingari felici... Zingari...*».

El sol va tornar a aparèixer a l'horitzó, i vaig esperar que escalfés. Un mar de núvols va tornar a envoltar els cims més alts. Baixant, vaig passar per un rierol i vaig aprofitar per rentar-me la cara, que acumulava la suor de dies. La frescor de l'aigua em va fer reviure. En vaig beure tanta que se'm va donar l'estómac. Em vaig apartar una mica del riu i em vaig estirar en una conca d'herba. L'escalf del sol em va acompanyar mentre m'adormia.

Ja mig refet i pujant l'aresta següent, vaig comptar amb els dits els cims que em quedaven al davant. Una mà sencera, cinc cims, i acabaria de donar la volta al fiord per les crestes! Si unes trenta hores abans, enfonsat en el pou de la fatiga, m'haguessin dit que arribaria fins aquí, no m'ho hauria cregut. I ara! Cinc cims semblaven poc, però després de cent seixanta quilòmetres i més de vint mil metres de desnivell positiu en cinquanta hores, no podia perdre el respecte als més de quatre mil metres que em quedaven encara. Així, amb les piles carregades després de trenta minuts de becaina i amb la pastanaga del pròxim descans davant del nas, aquest cop definitiu, em vaig llançar a tota velocitat pels lloms pedregosos.

Potser per l'excitació del final que ja divisava, potser per la fatiga, vaig descuidar de repetir el mantra de precaució que m'havia acompanyat durant tantes hores, i, volent tirar pel dret sense parar gaire atenció a on trepitjava, vaig caure al forat d'una petita rimaia quan travessava l'últim tram de neu. Era molt tova, i jo m'enfonsava fins a sobre dels genolls i temptava una mica massa la meva sort confiant a cegues en la solidesa dels ponts de neu, fins que un va cedir sota els meus peus. El forat no era gens profund, un parell de metres com a màxim, però vaig impactar directament amb el maluc contra la roca grisa i humida. «Hòstia, merda!» Un dolor fort em va pujar per la columna. Em vaig quedar assegut per respirar fondo uns segons i calmar el mal que em feia. Vaig comprovar que no em devia haver passat res greu, perquè tot mantenia la funcionalitat i el bony que estava a punt de sortir-me al maluc ja el donava per descomptat, així que vaig sortir a la neu. Buscava la ruta entre la pedra com hauria d'haver fet des del principi. «Això meu només és xapa i pintura», em vaig dir. I vaig tornar a trotar.

Aviat vaig oblidar el dolor, i la promesa d'arribar al final va ser l'elixir que em va donar l'energia. Tres cims, dos cims i, finalment, vaig començar a pujar per l'aresta estreta que conduïa a l'últim cim del fiord. Havia aparcat la son i el cansament en un racó, no sé en quin. Entre els núvols, allà al fons, va aparèixer com sortint d'un somni, al mig de l'aresta, l'Emelie, que m'esperava amb un entrepà a la mà i un petó. Em va acompanyar fins a l'últim cim i vam baixar plegats fins al poble.

Em vaig asseure uns minuts al maleter del cotxe, sense menjar ni beure, sense treure'm la roba, que ja era una segona pell. Tenia la mirada perduda en algun punt de l'asfalt. La ment, en blanc. És en aquesta absència on segurament resideix tota la força de les activitats. Quan les acabes, per un temps curt, no existeix ni el passat ni el futur.

Això que vaig fer va ser una estupidesa, tan sols tres mesos després de trencar-me la fíbula a la Pierra Menta. Segur que cap metge m'ho hauria recomanat com una part de la rehabilitació, i el meu no ho ha sabut mai. Suposo que fins ara. Però són just aquestes coses les que em fan viure: explorar sabent que el risc de fallar és molt gran. A part d'anar comprovant com anava el procés de recuperació, el que em semblava més interessant era combinar dues activitats que dominava, la llarga distància —fer cent seixanta o dos-cents quilòmetres no és cap repte per a mi— amb l'escalada, en què no sabia com respondria amb la conjugació de tantes parets. En el fons, sé que per gaudir intensament he d'anar als llimbs de la zona de confort, i mantenir-me alhora dins els espais del que sé fer, estirant el límit al màxim.

L'EVEREST A LA PRIMAVERA

Poques setmanes després d'abandonar l'hivern a Noruega, torno a la mateixa esplanada de pols i pedra de l'estiu anterior. Ara tot ha canviat.

Aquella morrena on ens vam abraçar fa vuit mesos està coberta de tendes de totes les mides, tots els colors i totes les formes que una ment fantasiosa pot imaginar. L'aresta per on vam baixar entre allaus és un plàcid i amable pendent de neu dura amb una corda fixada a estaques que la recorre i que va des del començament de la neu fins al cim de la muntanya. Entre Rongbuk i l'últim campament, situat a vuit mil tres-cents metres, es passegen si fa no fa trescentes persones, la meitat amb el somni de coronar el cim, l'altra meitat treballant per satisfer-los el desig. La soledat del campament on érem l'any abans ha mutat en una petita ciutat multicultural, on cadascú està capficat en la feina prèvia a l'ascens.

El Seb i jo compartim el permís amb una altra expedició que ja fa unes quantes setmanes que s'ha establert a la muntanya. Jo arribo d'una de veïna, el Cho Oyu, on m'he estat una setmana amb l'Emelie. El Seb tot just acaba de venir des de França i, encara que les últimes setmanes les ha viscut en altura al Tibet i després als Alps, ha passat una nit fatal. Té una tos seca, mal al pit i treu una mica de sang quan tus. És l'indici d'un edema pulmonar. Haurem d'anar amb calma i esperar uns quants dies abans de pujar fins al campament base avançat, l'ABC.

Aquell primer dia, visitem els membres de l'expedició amb qui compartim permís. Un d'ells és metge, però no especialista en muntanya. Observa el Seb, i, quan li veu els símptomes, li diu molt seriosament:

—El que tens és molt greu. Un edema pulmonar, poca broma. Has de baixar de seguida! Pren-te el medicament que et donaré i si demà al matí et despertes...

Al benintencionat doctor no li deixem acabar la frase, el Seb i jo, perquè ens posem a riure com uns nens entremaliats. Ja sabem el mal que té, que suposa una bona molèstia, però no implica un gran risc. Un parell de dies descansant i au. Com a molt, potser li tocarà baixar un dia a l'altiplà per fer bondat. De fet, fa uns quants anys vam anar a l'Embrús i també li va agafar el mateix, però en reduir l'altura durant unes hores li va marxar.

El Seb passa una mala nit, però l'endemà ja es troba millor. S'acaba de recuperar durant un dia més i quan es lleva ja corre pels voltants del campament, de manera que al tercer dia decidim pujar fins al campament base avançat, al peu de la muntanya, on l'any anterior no van voler arribar els iacs.

Ja instal·lats, decideixo sortir a fer un entrenament per aclimatar-me i observar les condicions de la muntanya. Com que encara em volta pel cap intentar pujar per la cara nord-oest, on vam abandonar l'altre any, surto en direcció contrària de tothom. Deixo la traça que va cap al coll nord i travesso la glacera fins al peu de la paret nord-est. Hi ha molta menys neu que a l'estiu. «Menys allaus!» Això també vol dir que hi ha molt més gel.

Començo a pujar i sento que el gel que surt a sota és ben dur, els deu centímetres de neu que el tapen només el blanquegen, no li aporten consistència, i, de fet, el pes del cos l'aguanto en el poc grampó i piolet que aconsegueixo clavar. Però, com que no és gaire inclinat, començo a pujar, fins que he fet uns centenars de metres. De cop, m'aturo i em pregunto què hi foto, allà. «Oi que t'estàs arriscant massa?» Si l'altre any m'hagués trobat aquestes condicions, sens dubte hauria seguit amunt sense pensar-hi més, però, ara, la veritat és que no m'hi trobo gens a gust. El que ha passat l'última setmana m'ha fet abaixar el llistó dels riscos que vull assumir.

Ara fa una setmana era al Cho Oyu amb l'Emelie. Havíem fet una aclimatació i un entrenament perfectes a Noruega i vam emprendre un viatge fugaç —després de la lluita desesperant i rutinària amb la burocràcia del Nepal—, que ens va portar fins al camp base en tan sols tres dies, ben frescos i motivats.

El segon dia d'estar a la muntanya vaig rebre un missatge dels que costen de llegir. Aquell matí havíem pujat des del campament fins a sobre els sis mil metres, i ens trobàvem sorprenentment bé. Quan vam haver baixat, el somriure que portàvem incorporat va durar ben poc. Vaig engegar el telèfon satèl·lit per veure la meteorologia i em vaig posar a endreçar la tenda mentre l'aparell buscava cobertura. Al cap d'uns minuts, vaig sentir el *bip* que m'indicava que m'havia entrat un missatge. El número de telèfon només el tenen dues persones: l'Emelie, que era al meu costat, i el Jordi Lorenzo, el meu agent, i només el faig servir un cop a la setmana per enviar un missatge per dir-li que tot va bé i que ho transmeti a la meva família. Per tant, si hi havia un avís és que havia passat alguna cosa important. Vaig agafar l'aparell i vaig desbloquejar la pantalla.

«Saps què li ha passat a l'Ueli? S'ha mort al Nuptse.»

Tot es va ensorrar. Tot un sistema de valors cau a terra cada vegada que un dels pilars que el sostenen es mor a la muntanya. I tornen a aflorar totes les preguntes: «És correcte el que fem?», «Té algun sentit arriscar-se per pujar una muntanya?», «Fins a quin punt el plaer de fer una activitat és més important que el que podem perdre?».

Sóc conscient que, allà dalt, no busco la mort, sinó la vida. Però de vegades és més difícil d'entendre, tot plegat. Va ser llavors que vaig pensar en la Nicole, la dona de l'Ueli Steck, i també en l'Emelie, que estava llegint al meu costat sense saber encara el que havia passat.

És allà dalt a la muntanya on trobo consol al dolor. Morir, per a mi, seria no anar-hi.

L'endemà mateix de rebre la dolorosa notícia, vam sortir de nou per tirar amunt. Caminàvem a bon ritme i vam arribar fins als set mil cinc-cents metres força ràpid. Físicament ens trobàvem molt bé, i això demostrava que l'aclimatació havia sigut un èxit, perquè feia tan sols vuit dies que havíem sortit d'Europa.

Feia estona que observàvem que arribava el mal temps, i vam decidir baixar i esperar la pròxima finestra de bonança per intentar coronar el cim. Aquest any, a la primavera, només hi havia un parell de petites expedicions comercials, i com que ningú semblava gaire predisposat a muntar la muntanya —fixar les cordes i preparar el campament per als clients—, ens vam trobar que la teníem per a nosaltres tots sols.

Vaig dir a l'Emelie que comencés a baixar mentre jo mirava una mica per on hauríem de superar la banda groga al pròxim intent. És una franja de roca d'una cinquantena de metres amb força pendent que es caracteritza pel color groguenc, i que és a totes les muntanyes de l'Himàlaia, a una altura entre set mil vuit-cents i vuit mil dos-cents metres. Vaig pujar una desena de metres per observar-la millor i després de mirar-la ben mirada vaig girar el cap per comprovar que l'Emelie baixava sense problemes. «Hòstia!» El cor se'm va aturar i les paraules em van quedar bloquejades quan vaig veure que lliscava avall amb la panxa sobre la neu, a tota velocitat. Queia sense control pel pendent de quaranta graus de neu dura que conduïa a... Bé, millor no pensar-hi, si no aconseguia parar la caiguda. Quan em va tornar la veu, em vaig posar a cridar i vaig baixar tan ràpid com vaig poder seguint la marca que havien dibuixat els seus piolets a la neu provant d'aferrar-se. Vaig arribar al punt on l'Emelie havia perdut el primer. «Atura't, atura't, sisplau!» Jo ja no respirava i el cor no bombejava sang. Finalment, un centenar de metres més avall, va aconseguir frenar la caiguda amb el piolet que li quedava. En arribar a la seva altura, el cor va recuperar l'activitat, ara accelerat i descontrolat. La vaig abraçar. Ella respirava amb força, però sense pànic.

—Volies baixar més ràpid, eh! —Vaig intentar evitar el dramatisme de les emocions, i ella em va somriure.

L'endemà em va dir que volia tornar a pujar, i al cap de dos dies vam fer un segon intent cap al cim. Va fer molt de fred; una nit d'un vent huracanat ens va obligar a posar-nos dins d'una esquerda a una altura de set mil dos-cents metres i a esperar que sortís el sol i fes desaparèixer les fortes ràfegues. Amb el dia, la temperatura es va normalitzar, però vam veure com s'acostaven des del nord uns núvols negres. En arribar a la banda groga, l'Emelie va decidir baixar i jo vaig seguir unes hores. No vaig ser capaç de trobar el cim, entre la nevada i la boira.

Tot el que va passar aquella setmana em va fer recordar la importància del fracàs, dels fracassos. Només som persones insignificants i fràgils, i això ho hem de tenir sempre ben present. Sobretot quan ens hem habituat a l'èxit i tenim massa confiança en nosaltres mateixos i ens pensem que som indestructibles, que ho podem guanyar tot. Si competim, ens podem tornar arrogants, però a la muntanya tot pot acabar en plors d'algú per nosaltres.

Suposo que tot això, d'alguna manera, fa que no vulgui acceptar cap risc —cap— en aquest intent a l'Everest, i deu influir-hi perquè ara, pujant aquest pendent de la cara nord-est, no m'hi trobo a gust. El repte d'ascendir des de Rongbuk en una tirada i sense cap assistència ja és prou gran, perquè no he pujat mai tan amunt i no sé com em reaccionarà el cos.

En el món mediàtic actual es banalitzen les coses que passen, i arribem a creure que només és valuós l'èxit, i que el fracàs és un indici de debilitat. Això ens empeny a escollir entre abaixar el nivell del que fem, per tenir més possibilitats de sortir-nos-en, o acceptar el fracàs i les crítiques i tenir la paciència i la tossuderia necessàries per anar-ho intentant durant anys i anys, fins que potser un dia assolirem l'objectiu que somiàvem. El que sí que queda clar és que el fracàs no ven. Els diaris, les ràdios, les televisions i qualsevol plataforma *web* no parlaran d'intents. La gent vol només que els expliquin els èxits, perquè és el que tenen els herois, que, a pesar de les dificultats, aconsegueixen el que se'ls posa a la bola, amb esforç i tenacitat. Ningú admira un fracassat. Els espònsors volen una novetat de l'esportista per anunciar-la per tots els altaveus, els alpinistes s'esforcen per pujar el cim més alt o més perillós per guanyar els diners que els fan falta per a l'expedició següent. Si un alpinista no vol assumir projectes més senzills per assegurar-se la quota d'èxits, la línia que separa del risc letal és cada vegada més fina. Jean-Christophe Lafaille, Benoît Chamoux, potser el mateix Ueli Steck... No sabrem mai per què van assumir un risc de més, i fins a quin punt la pressió social, mediàtica i econòmica et pot arribar a empènyer a dir-te que va, que ja ho has intentat massa vegades i has fracassat i que aquesta serà la bona, i tu mateix et poses una bena als ulls ni que sigui per un instant i no veus què t'estàs jugant. L'Existència. És important deslligar-se d'aquesta pressió —externa o interna— i acceptar que, en l'alpinisme, el fracàs i l'èxit no tenen la mateixa forma binària d'altres esports, i cal ser pacients i continuar intentant-ho any rere any, sabent que almenys la meitat dels intents no donaran el fruit desitjat.

He decidit que aniré per la via normal, l'aresta nord nord-est, i a partir d'aquí tot s'accelera. He descansat un dia al camp base avançat, a sis mil tres-cents metres, i he sortit a fer una última aclimatació abans d'atacar el cim. Després d'esmorzar, he posat a la motxilla un piolet, un anorac i uns guants gruixuts i he tirat amunt. Sense gaire esforç, he pujat primer fins al coll nord i després per l'aresta nord empenyent-me amb els bastons. És un quilòmetre vertical, com a Fully, però a una velocitat dividida per cinc. Les sensacions, impecables. Puc mantenir un ritme constant i dinàmic, i fins i tot fer esprints per comprovar com reacciona el cos per no pagar la broma després. He pensat d'arribar a tocar els vuit mil metres i baixar, però com que els he fet en quatre hores i tinc forces continuo pujant. En menys de sis hores, arribo al tercer campament, l'últim que fan servir les expedicions comercials abans de l'últim atac a la muntanya. Passo entre les tendes i veig el Pemba, el guia nepalès que porta els clients de l'expedició amb qui compartim permís.

—*Namasté*, Pemba, com va tot?

—Molt bé. —Es treu la màscara d'oxigen—. D'on véns? —Fa cara de sorpresa, no esperava trobar-me allà.

—He sortit de l'ABC aquest matí.

—Et quedes a dormir aquesta nit? —Veig que em mira estranyat, deu estar fent comptes.

—No, no porto tenda. I, a més, a baix s'hi dorm més bé! Només he pujat a fer un volt.

—Ets un mono! —Riu i riu, i em mira incrèdul.

Li responc amb un somriure, aixeco una mà per dir-li adéu i tot seguit continuo pujant, lentament, fins a l'inici de l'aresta nord, a vuit mil quatre-cents metres. Hi arribo i m'aturo. Les vistes són fastuoses i el sol brilla amb força; ara, a mitja tarda, fa força calor i tot, i mira que sóc amunt. Dubto uns instants, no sé si seguir tirant fins al cim, el veig tan a prop... Però decideixo cenyir-me al pla previst: aquell dia aclimato i espero una setmana per fer el cim. Continuo allà uns minuts assaborint l'aire i el paisatge, i després començo a baixar. Com que em trobo bé, em poso a trotar pel pendent de neu, i només trigo menys de tres hores per arribar al campament base avançat, just a temps per rentar-me una mica, desfer la motxilla i anar a sopar. Sens dubte és el dia que em trobo millor des d'un punt de vista fisiològic, i això demostra l'èxit del procés d'aclimatació i confirma el rendiment que puc tenir en altura. Si una cosa he après avui és que, si em trobo bé, val més tirar amunt per veure què passa, perquè l'altura no deixa gaires oportunitats.

És l'hora del seny del lladre del 21 de maig, i així em sento jo, com un home que roba instants reservats a la quietud de la muntanya, quan no hi hauria d'haver cap persona en aquella zona, en una aresta per sobre dels vuit mil cinc-cents metres, amb el sol amagant-se rere el Cho Oyu. Veig petites totes les muntanyes que tinc al voltant i, tot i el malestar —tinc ganes de vomitar i diarrea, d'una gastroenteritis que ha aparegut en el pitjor moment—, m'oblido de tot i visc amb intensitat aquest moment únic, que em permet abraçar la nit amb tota la serenor i tota la bellesa.

Durant els últims quatre dies he estat descansant al campament base a Rongbuk, i he aprofitat per anar a córrer i per menjar patates fregides als *lodges* tibetans. Bàsicament, m'he avorrit i he llegit a la tenda. Fins que fa unes vint hores, el 20 de maig, després de sopar, vaig deixar l'esplanada de pedra i pols, on s'atura la carretera que aboca cada dia turistes que es fan una foto amb el cim més alt de la Terra al darrere i potser compren un *souvenir*, i on deu fer uns mil anys Milarepa es va refugiar en una cova a meditar. Em vaig carregar la motxilla a l'esquena amb tot el que necessitava —un mono de ploma, unes botes amb grampons, un piolet, dos bastons, un litre d'aigua, una quinzena de gels i barretes energètiques, una frontal, guants, manyoples i unes ulleres—. La composició del material l'havia estudiada i optimitzada durant anys. «Això no, això fora, això ho podem treure» és el que sentien els enginyers i els dissenyadors quan els visitava per fabricar prototips de botes, roba o motxilles. Agafava una goma d'esborrar i començava a treure dels dissenys sobre paper les cremalleres, les butxaques i tot el que trobava que era innecessari, fins que la mostra quedava tan senzilla que es podia dibuixar amb una sola línia. Les botes que porto, per exemple, són com un gran mitjó farcit d'un material aïllant amb una sola fibra de carboni amb uns grampons ja enganxats. Així ocupen poc espai i no pesen gaire, i puc sortir corrent amb les vambes i, en arribar a la neu, posar-les en aquesta espècie de mitjó amb grampons i continuar la pujada en el gel.

A les deu del vespre em vaig posar a córrer i durant tota la nit vaig travessar l'eterna morrena de vint quilòmetres fins a arribar a la glacera on hi havia el camp base avançat. M'hi vaig aturar un parell d'hores per descansar, menjar una mica i beure mentre esperava que sortís el sol i escalfés l'ambient abans d'entrar a la neu. Amb la primera claror, vaig avançar per la glacera i vaig pujar fins al coll nord. Va ser aleshores que vaig començar a sentir que hi havia alguna cosa que no anava del tot fina, aquell dia. Tenia l'estómac regirat i de tant en tant em sorprenia una arcada. Quan vaig comprendre que era una gastroenteritis el que donava la murga ja era per sobre dels vuit mil metres. La veritat és que em feia mandra baixar tenint el cim tan a prop. Sigui com sigui, tenia clar que sobreviuria al mal de panxa i a la diarrea. Com a màxim, m'ho farien passar malament. El més molest era la diarrea, perquè m'obligava a obrir-me el mono de plomes i treure'n la part superior per poder cagar, i allà dalt allò era molt pesat. La solució que vaig trobar va ser deixar de menjar. El cos podia tirar mà dels greixos durant hores, però patiria una bona baixada d'energia. Així podia continuar amunt, a poc a poc.

Tal com estava la muntanya, sense possibilitat d'allaus i instal·lat sobre una aresta, els únics riscos que vaig detectar eren patir un edema o congelacions pel fred. Vaig continuar pujant lentament i no se'm va manifestar cap símptoma que em fes patir.

Quan el sol va desaparèixer darrere el Cho Oyu, tampoc vaig dubtar a continuar. Sabia que si em mantenia constantment en moviment no hi hauria cap problema, tant se val el fred que fes. Pas a pas, vaig seguir pujant, sense noció del temps i sense cap preocupació, abraçant la soledat i la negror que la nit em regalava.

Allà dalt, la percepció del temps és estranya. Flota al teu voltant, l'intueixes, però no el pots palpar. És difús. Passa el mateix amb el pensament, que també s'atura i ho banya tot de blanc. La ment és ocupada per una meditació profunda, indiferent al cos, que lluita per avançar amb una lentitud abismal. Tan sols la treu de la seva concentració una dificultat tècnica, i per uns instants el pensament torna per ordenar una execució precisa, i després entra altra vegada en la buidor.

Ara em sembla que fa estona que hauria d'haver arribat al cim. En la foscor, no veig on s'acaba la muntanya, i a cada ressalt que supero desitjo haver assolit el final del camí, però sempre n'hi ha un altre. Fins que arriba un moment que endevino en la foscor una aresta, una brisa, i els llums de l'altre costat que es mouen lentament.

Miro el rellotge per primer cop en moltes hores i marca que ja ha passat la mitjanit, i llavors veig davant meu les banderes d'oració que onegen al cim de la muntanya. Desfet i esgotat, m'assec al costat de les banderes i respiro profundament amb el cap enfonsat entre els genolls. No sento satisfacció, en aquell moment, només un alliberament molt essencial. «Per fi, per fi ja no he de seguir pujant.» Per recuperar-me una mica més, trec un gel energètic d'una butxaca i me'l prenc. És el primer que menjo en moltes hores.

La nit és negra i clara, i observo que des del nord i el sud hi ha cuques de llum que abandonen els últims campaments per enfilar-se cap aquí on sóc jo. La satisfacció em comença a trucar a la porta. Em diu que sí, que sóc en el punt més alt on podria ser. Per sort, el cansament és més potent que aquella sensació i no deixa que el cap perdi el món de vista i es deixi derrotar per l'emoció.

Sense esperar gaire, començo a baixar, lentament. En arribar a la piràmide, a vuit mil set-cents metres, una urgència de l'estómac m'obliga a descordar-me el mono de ploma i ajupir-me. «Collons, no m'hauria d'haver pres el gel!» Agafo una pedra i la frego amb la màxima dedicació que es pot tenir allà per netejar-me el cul. És complicat, amb les manyoples tan gruixudes. Uf, al final me'n surto i segueixo baixant, rient tot sol per la situació. Al peu de la piràmide em creuo amb el cap d'una filera contínua i il·luminada, amb una cinquantena de persones, entre portadors, guies i clients, que pugen en silenci disciplinadament, enganxats a les cordes i provocant taps en els trams més tècnics. No trigo gaire a deixar enrere l'últim de la fila i torno a estar sol. Baixo per l'aresta fins que la claror solar em diu hola. A l'abric del vent, amb l'agradable escalfor del sol naixent, m'aturo i m'estiro a terra. Descanso una estona.

A més de vuit mil quilòmetres de distància, ella no sabia on era, jo. Feia hores que hauria d'haver tornat al campament base i donat notícies. *No news, good news* no és una frase que es pugui aplicar quan la persona que estimes és en una gran muntanya. Sempre pensem el pitjor, quan no sabem res de l'altre. Ella m'imaginava patint o mort en algun punt de la part alta. En un món hipercomunicat, i on tot ho sabem a l'instant, jo havia escollit buscar una experiència en el pol oposat. Volia ser l'únic que prengués les decisions allà dalt, sense cap influència ni cap pressió externa, sense que m'animés ningú quan estigués patint ni m'avisés que havia de baixar perquè venia el mal temps o perquè avançava massa a poc a poc. És per això que havia deixat al Seb el telèfon satèl·lit. Aquella decisió, que feia la meva experiència més real, estava fent patir els que m'estimen. Ni el Seb al campament base ni l'Emelie a Zegama sabien on era ni el que em passava.

Finalment, a mig matí, una trentena bona d'hores després d'haver sortit de Rongbuk, aparec de nou al campament base avançat i em reuneixo amb el Seb. Truco a casa per dir que tot va bé i que tornarem aviat, però el meu cap només pensa a recuperar les forces i intentar tornar a pujar al cap de pocs dies.

Durant la baixada, com que anava a poc a poc, tot i el cansament, vaig tenir prou temps per pensar. Estava una mica decebut amb mi mateix perquè no havia assolit el rendiment que havia mostrat cinc dies abans, i la gastroenteritis m'havia fotut. Sentia que el meu cos volia i podia fer més. I vaig començar a rumiar que estaria bé saber si era possible pujar altra vegada en poc temps, igual que hauria fet si hagués estat als Alps. Allà, quan anem una setmana a la muntanya, aparquem la furgo al fons d'una vall i cada dia, havent esmorzat, sortim a fer una activitat. Oi que aquest model el podria exportar als cims més alts de l'Himàlaia? La resposta només la podia saber intentant una altra pujada aviat. El dubte que tenia era que no sabia si amb tres dies el meu cos en tindria prou per recuperar-se de l'esforç enorme que havia fet.

Aquell mateix dia vam desmuntar les tendes que teníem al campament base avançat i vam baixar a Rongbuk. Les converses en un camp base s'assemblen a les de Wall Street. Allà, en lloc d'especular sobre valors i diners, es discuteix sobre les previsions meteorològiques. Un dels pocs avantatges de conviure de vegades amb grans expedicions comercials és que tenen uns recursos descomunals i, en conseqüència, l'accés a les millors previsions meteorològiques. I coincidien a afirmar que el 27 de maig hauria de ser el millor dia de la temporada.

Vam descansar un parell de dies i apa, som-hi. Vam tornar a refer la morrena fins a l'ABC. Com que allà no hi teníem tendes, la Monica, la metgessa de l'expedició de l'Adrian Ballinger i el Cory Richards, que en aquell moment estaven pujant cap a l'Everest sense oxigen, ens va oferir dormir a la seva tenda-menjador. Hi vaig descansar unes quantes hores i abans que el sol tragués el cap vaig sortir de nou en direcció cap amunt.

Vaig caminar a bon ritme i al cap de poc temps ja havia assolit l'aresta nord. Tot i que les previsions havien anunciat un dia espectacular, s'havia llevat amb una cortina de núvols alts que no deixaven passar l'escalfor del sol, i als set mil metres em vaig haver de posar el mono de ploma per abrigar-me. Tot i el cansament, em trobava força bé, i vaig trigar unes set hores per arribar als vuit mil tres-cents. Era una hora més que el dia de l'aclimatació, però dues menys que feia cinc dies. Em vaig creuar amb alguns alpinistes que baixaven: uns japonesos que havien fet el cim amb oxigen i l'alpinista alemany Ralf Dujmovits, que ho havia provat sense oxigen i es queixava del fred. Vaig seguir pujant i encara vaig trobar més alpinistes que tiraven avall.

En sortir a l'aresta, un vent fort em va venir a saludar, i com que feia fred em vaig posar a sobre tota la roba que portava. Vaig deixar la motxilla, buida, lligada a unes pedres, i també els bastons, perquè amb el fred i el vent havia de mantenir les mans baixes. Abans d'arribar al segon escaló em vaig creuar amb l'Adrian Ballinger, que havia complert el seu somni de pujar sense oxigen. L'acompanyaven el Cory i altre guies i xerpes. A partir d'aquell moment, tornàvem a estar sols, la muntanya i jo. El vent no va minvar, més aviat al contrari, les ràfegues aixecaven la neu i la transportaven fins a l'aresta. Havia d'obrir fins i tot una bona traça, en alguns moments. El pas era lent, però em trobava bé i podia suportar el fred. La ment em va tornar a entrar dins la bombolla de l'altura i vaig continuar pas a pas fins al capvespre amb un cert automatisme. M'esperava una esplendorosa posta de sol al peu de la piràmide, a tan sols cent cinquanta metres del cim.

El vent aixecava la neu i la treia a ballar davant meu, amb un *attrezzo* d'ombres que el sol regalava mentre es ponia amb dolçor sobre un mar de núvols alts, que no em deixaven veure els cims de vuit mil metres que tenia al voltant. La bellesa acumulava una càrrega terrorífica, perquè preludiava l'inici d'una altra nit allà dalt. La nit és només foscor, no em preocupava. El cansament sí, perquè era extrem. Cada pas era una lluita i el cap no parava de dir-me «Atura't, fes mitja volta, no cal que pateixis tant». I jo que no trobava cap motiu per contradir-lo. Però com que la raó no és la que ens fa pujar muntanyes, continuava. Comptava fins a vint-i-cinc passes. M'aturava. Vint-i-cinc més. I em tornava a aturar per respirar amb força, per intentar omplir els pulmons d'aquell aire amb tan poc oxigen.

I va ser així que vaig repetir el trajecte d'uns dies abans, fins que vaig veure aparèixer l'aresta de neu. «Uns metres més i tindré de nou les banderes aquí al costat.» I sí, eren allà, violentades ara pel fort vent. L'únic pensament que em va venir al cap a dalt al cim va ser el de fer mitja volta i pensar com podia tornar a baixar tan de pressa com fos possible. Estava massa cansat per tenir alguna emoció. De totes maneres, allà dalt les emocions només serveixen per fer-te prendre una decisió equivocada, l'eufòria et descentra i la por no et deixa veure-hi clar. El vent m'agredia i la neu em metrallava la cara. Vaig començar a desfer el camí.

Mentre baixava, la tempesta va anar creixent i esdevenia cada cop més violenta. Tot i que no arribava a ser extrema, la nevada era intensa. El vent ho removia tot i en la foscor de la nit havia d'estar molt atent per no perdre el camí. Tenia la sensació que flotava, i era com si els meus passos fossin lluny, lluny. Sentia el cansament i tot el que feia ho veia com en un somni. Era com si el cos i la ment s'haguessin divorciat i anés cadascun a la seva.

Vaig desgrimpar els tres escalons sense dificultat i vaig baixar a poc a poc pels pendents mixtos per abandonar l'aresta nord-est en direcció a la nord. No n'era conscient, però feia hores que no menjava ni bevia. Tota l'energia l'havia concentrada en la muntanya i no havia pensat en res més.

En sortir de les canals de roca sota l'aresta em costava pensar amb claredat. Havia de fer un esforç majúscul per intentar els càlculs més simples. Sumar i restar s'havia convertit en un repte superior al de resoldre una fórmula complexa, i m'havia de barallar amb el cervell per mantenir-lo activat, semblava que estigués a punt de tocar el botó de l'*off*. Sabia que havia deixat la motxilla per allà a la vora pujant, però no trobava a la memòria la imatge del lloc concret. «On és, collons? Pensa, Kilian, pensa. A veure si has passat de llarg. Ostres, sí, mi-te-la, és aquí!» Em vaig ajupir per recollir la motxilla i ja no recordo res més.

«Però, on sóc? On putes sóc?» De sobte, recupero la consciència. I em veig caminant per unes vires de roca, en una paret força inclinada, desconeguda per a mi. «Com he arribat fins aquí? On és l'aresta?» Al meu voltant tot és negre i la claror de la frontal només em mostra les formes de la roca del davant. Una paret de neu i gel és el màxim que veig fins que la foscor s'ho empassa tot. Em ve un record fugaç. «Buf, això ho conec. Va ser per allà on l'any passat vam travessar per sortir de la paret... on em va baixar l'allau! Però com coi he arribat fins aquí? Què dimonis foto a la cara nord-est de la muntanya?» Completament atònit, no puc reconstruir el recorregut que he fet per arribar fins aquí després de recuperar la motxilla. Tinc un forat a la memòria. No sé quant de temps he estat desconnectat i quin camí he fet dins els parèntesis. «Ja hi pensaré més endavant, ara he de sortir d'aquí i trobar la via bona.»

En reconèixer que era a la cara nord-est, vaig pensar que el millor que podia fer era travessar sense perdre altura cap a la meva esquerra, fins a trobar de nou l'aresta. Va ser llavors que em vaig adonar que una persona em seguia a uns trenta o quaranta metres. Es movia lentament, i era massa lluny perquè la pogués identificar. La seva silueta era clara i, tot i que en aquell moment no sabia per què, l'havia de treure d'allà. D'una manera estranya, pensava que aquella persona era la responsable que m'hagués desviat i fos ara allà. «Per què va tan lenta?» Gairebé no es movia, avançava poc. «Au, vinga, va, afanya't, que vull anar al campament!» Tot i que de bon començament ja sabia que era una al·lucinació, havia de lluitar amb mi mateix tota l'estona per no oblidar-ho. Em va seguir mentre flanquejava cap a l'esquerra, cada vegada més desesperat per sortir a l'aresta. Però no apareixia.

El primer esperó que vaig trobar-me m'hauria d'haver alertat, perquè era molt més inclinat i rocós del que recordava, però vaig pensar que segurament era a conseqüència de les diferències entre la primavera i l'estiu. Quan vaig arribar a un segon esperó, ja vaig saber que no era on em pensava. «Ara hauria de ser per sobre la canal que agafava l'any passat per pujar, i hauria d'arribar a l'aresta, això hauria de ser l'aresta! Per què no hi ha res? On és la refotuda aresta?» La paret de roca va continuar, cada vegada més inclinada, cada vegada més distant en el meu record, fins que finalment vaig entonar la rendició. Vaig haver de reconèixer que no era a la cara nord-est; que, de fet, no tenia ni punyetera idea d'on era. A l'instant, la persona que em seguia va desaparèixer, perquè com que el meu cervell va assumir la desorientació, encara feixuc i emboirat, em demanava atenció i que el fes pensar amb claredat.

Em trobava bé, físicament. No patia per la meva vida. Estava molt cansat, això sí, extremament cansat, però sentia que el cos aguantava, que li costaria encara quedar-se exhaust i podia continuar en moviment les hores que fes falta. El problema real era que no sabia on era, no en tenia ni idea. Vaig continuar baixant, per intentar trobar algun indici que em pogués donar alguna pista, fins i tot feia l'esforç de recordar les fotografies de la muntanya que havia estudiat. El terreny s'havia tornat bastant difícil. No era extrem, però el pendent era semblant a la cara sud del Mont Blanc, com l'aresta Peuterey o la Innominata. Era un terreny molt rocós, format per grans plaques de roca llisa tallada per vires més o menys amples. De vegades, per mandra de desescalar, em deixava lliscar caient per les plaques, amb els grampons relliscant sobre la roca fins que quedaven aturats. La qualitat de la roca era pèssima, estava molt descomposta, i, si no vigilava, de vegades es trencava quan hi posava els peus o les mans, i d'altres el pendent era tan pronunciat que m'havia de treure les manyoples i desgrimpar amb els guants fins per sentir el tacte de la roca. Vaig continuar baixant un centenar de metres, però el pendent no cedia i no reconeixia res que m'orientés el camí.

Vaig arribar a una petita canal de roca, un diedre estret, i vaig pensar que potser podria baixar per allà ràpidament i saltar unes plaques de roca fins a arribar a un petit balcó de roca. A sota meu, només hi havia el buit. A la dreta i a l'esquerra, la paret era gairebé vertical. Em vaig asseure, enganxant el cos al màxim a la paret per allunyar-me del buit, protegint-me de la neu que queia pel bloc encastat que tenia sobre el cap. «Aviam, Kilian, abans de seguir sense saber on vas, pensa una mica. Si baixes cap avall, trobaràs la glacera on hi ha el camp base avançat? I si no sóc a la cara nord-est i segueixo baixant, què em trobaré? I si he de tornar a pujar? Buf!» Els meus pensaments encara eren massa poc àgils, massa feixucs, llunyans i imprecisos. «I si tot això no fos real, si fos un somni, o un malson, i en realitat ja fa hores que estic dormint a la tenda del campament? Ja podria ser... No recordo com he arribat fins aquí, i estic somiant... Però quina merda de somni! Vull despertar-me, ja! Vull ser al campament! Potser si ara salto al buit em despertaria de l'ensurt, com a les pel·lícules. Però si no és un somni...» La ment la tenia desconcertada, pastosa. La cortina que em tapava el cervell no em deixava raonar amb lucidesa. «Què faig, què faig? Pensa, pensa... Aviam, estic cansat, he tingut al·lucinacions i no puc rumiar bé. És negra nit i no tinc ni puta idea d'on sóc! Això sí, com a mínim em trobo bé i amb forces. Ara la prioritat és no fer cap estupidesa.»

Vaig decidir quedar-me allà, perquè estava una mica protegit, per esperar que sortís el sol. Amb la llum podria saber on era i decidir per on havia de tirar. Em vaig cobrir els genolls amb els braços i vaig tancar els ulls per descansar, fins que em vaig adormir lleugerament.

Quan em vaig despertar, poca estona després, vaig notar de seguida que el cervell havia recuperat la lucidesa i la velocitat normals. Li ho vaig agrair. No, no havia estat somiant. Era a la petita plataforma enmig de la paret. El primer que vaig fer va ser mirar el rellotge. «Com he pogut ser tan idiota de no haver-lo mirat abans?» Eren gairebé les dues de la matinada i estava a una altura de vuit mil metres. «El GPS! Mira el GPS!» De sobte, vaig recordar que tenia el GPS activat i vaig consultar la corba de navegació al rellotge. Vaig observar una línia que baixava recta i que es desviava de cop en direcció a l'esquerra formant un angle de noranta graus i seguia en aquesta direcció en el que seria l'equivalent a quasi un quilòmetre. «És clar, sóc a la cara nord!» El meu cervell es va activar a velocitat turbo, recollint la informació acumulada a la memòria, repassant les fotos de la muntanya que havia escanejat mentalment durant mesos. «Dec ser a les parets de pedra que envolten el corredor Norton. Si aconsegueixo trobar la manera de baixar fins als set mil sis-cents metres, allà hi ha la travessa de neu que va seguir el Messner i podré tornar a l'aresta sense cap dificultat.»

Una sensació d'alleujament em va venir a saludar. Finalment, no tenia cap dubte d'on era. La situació encara era delicada, perquè ocupava un espai poc estable, amb roca trencadissa i molt inclinat, i em quedava encara molt de camí fins a recuperar l'aresta. Quan escalem muntanyes, els regalem el nostre cos, fins que tornem a la vall i en recuperem la propietat. Vaig escalar uns quants metres per tornar a superar el bloc encastat fins a trobar un terreny més confortable, i em vaig posar a travessar baixant cap a la dreta. Plaques de roca, alguns esperons i canals de neu i vires de pedra em van anar conduint en la foscor, de nou cap a l'aresta nord.

Almenys era jo qui em dirigia els moviments. Durant la nit havia sigut com si algú altre dins meu hagués conquerit el comandament i hagués pres les decisions generals sense consultar-me-les, ignorant-me com si jo no fos ningú. I aquesta persona, per una raó que jo no sabia, havia decidit que volia anar a la cara nord. Enhorabona, doncs.

Amb la claror del dia vaig tornar al confort de l'aresta nord, recoberta gairebé d'un metre de neu fresca. Amb el sentiment de retrobar-me de nou allà dalt a l'estiu, amb tota la neu fresca i sense ningú a la muntanya, vaig deixar-me lliscar sobre el cul fins a sentir el soroll d'algunes veus al campament. Quan vaig baixar els últims pendents de neu, vaig veure una persona que venia cap al peu de la glacera. Era el Seb. Em va donar aigua per beure i en vaig fer un glop, que em va tornar a la vida,

En arribar al campament, vam menjar una mica, tot i que encara tenia l'estómac tancat, i sense perdre gaire temps vam acomiadar-nos de l'Adrian, el Cory i la Monica, agraït perquè em van permetre dormir amb ells. Vam baixar trotant per última vegada els vint quilòmetres de la morrena fins a Rongbuk, i hi vam arribar amb el temps just per fer les maletes, perquè l'endemà al matí un cotxe ens esperava per anar a buscar l'avió a Lhasa. Tornàvem a casa.

La benvinguda

El ferri va tancar les portes i va començar a lliscar sobre l'aigua. Vaig comprar una gofra a la cafeteria i vaig sortir a la proa. L'aire fresc i humit xocava amb l'ambient sec de l'Himàlaia. Em vaig passar el dit índex per sobre els llavis cremats pel sol. Em vaig observar les mans, gairebé negres i arrugades per la sequedat. Però, quan vaig alçar la vista, em vaig oblidar de les altes muntanyes. La brisa i l'olor de mar em van retornar als fiords noruecs.

El vaixell s'acostava ràpidament a terra, però els trenta minuts del trajecte semblava que no s'acabarien mai. Abans que atraqués, ja m'havia carregat la motxilla a l'esquena, i, quan les portes van començar a baixar, vaig veure l'Emelie que m'esperava amb el motor del cotxe engegat. Ens vam fer un petó silenciós i vam arrencar. Ens vam dir de tot sense dir-nos res.

Després de deixar la motxilla a casa i treure'm la roba suada de dos dies de viatge des del campament polsegós, ens vam posar les vambes i vam sortir a córrer tots dos junts. Vam anar l'un al costat de l'altre sense parlar, una bona estona, assaborint el so del vent i els impulsos de les nostres respiracions, sincronitzades. A mesura que els quilòmetres s'escolaven, les paraules van anar trobant el camí per obrir-se pas. I a poc a poc la conversa va anar deixant els records enrere i es va instal·lar de nou en el dia a dia. Era com si fos aquell matí que havia sortit a pujar un cim dels voltants.

—Dissabte que ve hi ha cursa a Geiranger i pensava anar-hi. Que vols venir? —L'Emelie.

—Sí, pot estar bé per retrobar el ritme de competició. —Jo.

Vam córrer un parell d'hores, entre la boira i l'herba mullada i la neu, que encara cobria els cims. En arribar a casa, em vaig trobar les maletes encara per desfer. Vaig començar a buidar-les i vaig fer dues piles: la roba bruta i el material per guardar. Al cap de poc ho vaig deixar a mitges, vaig recollir la roba que havia tret i la vaig posar a la rentadora. A la maleta encara hi quedaven unes quantes coses per treure. Sempre hi deixo una reserva, mig preparada per tornar a marxar.

L'estiu trucava a la porta, la neu de dalt dels cims desapareixia ràpidament, i les flors ja demanaven tanda per començar a sortir. D'aquí a poques setmanes el paisatge hauria canviat tant, que ningú recordaria que aquells camps florits, amb una paleta de colors tan variada i intensa, havien estat coberts d'un blanc que retenia la vida.

Dins del meu cap, els records de l'Everest també s'estaven fonent molt de pressa, com la neu que desapareix de la superfície i, en el nou estat, inocula la terra per regalar-li la nova vida. I l'oblit feia que l'aprenentatge florís, i l'excitació em tornava a rosegar. Començava a projectar-me en la cursa del cap de setmana següent, en les noves expedicions, en les idees que havien de fer possible el que podia intentar...

Alguns amics meus, que em coneixen bé, quan vénen a casa, se sorprenen perquè no veuen trofeus exposats als prestatges, que estan plens de llibres i mapes. I és que em fa por acabar sent presoner del meu passat. Potser és per això que no he guardat mai cap trofeu de les curses que he guanyat. De vegades és el meu avi qui els vol, d'altres els dono a algun nen amb els ulls plens d'il·lusió que ha seguit la competició. O també al propietari de l'hotel que ens ha acollit o a algun espònsor. N'hi ha que han acabat desmuntats en un contenidor de reciclatge, o n'he aprofitat parts per fer-les servir com a rasqueta per treure la cera dels esquís o com a fusta per tallar-hi la verdura. Deu ser la por de quedar-me vivint en el passat o potser és la vanitat el que em mou? Potser és el malestar que tinc per acceptar reconeixements el que em fa sentir tan vanitós?

—Algun dia te'n penediràs, de no haver disfrutat del que estàs aconseguint. —L'Emelie fa com si em renyés.

Quan m'ho he passat molt bé, d'una manera exagerada, és en la planificació i en l'activitat mateix. Però el triomf m'ha fet veure que al cap i a la fi no era tan difícil aconseguir-lo, i que allò només em podia servir per pensar en com podia arribar encara més enllà.

La nit va ser curta, i vaig sortir de bon matí a córrer de nou per la muntanya. Tocant a casa, vaig seguir un sender estret i en pendent que, entre branques caigudes durant l'hivern i pedres mullades, em va treure dels fiords i em va acompanyar fins a la muntanya, a aquell terreny on l'herba alta i els insectes ja no molesten, on només la roca i algunes plantes atrevides hi viuen. Una pluja fina es balancejava, i l'aresta que volia pujar jugava a fet i amagar amb la boira.

Era una aresta fàcil. Segons el llibre de ressenyes que tenia a casa, era d'un grau IV noruec, i, per tant, un terreny on normalment em movia amb facilitat i destresa. Era una de les poques arestes senzilles del voltant de casa que encara no havia fet i, com que havia de descansar una mica abans de la pròxima cursa, vaig aprofitar aquell dia per presentar-m'hi. Els peus em relliscaven a la roca xopa, però com que m'hi podia agafar bé amb les mans vaig tirar endavant. L'aresta s'estrenyia fins a convertir-se en un fil ben esmolat, com si fos un ganivet, i la pedra, una mica descomposta, no feia cara de voler fer gaire amistat amb mi. Vaig continuar a cavall pel fil. El vent i la pluja em gronxaven, i al cap d'una estona em vaig preguntar què collons fotia jo allà dalt. Acabava de tornar de l'Everest i una muntanya de poc més de mil metres em va recordar que cada muntanya, alta o petita, decideix si ens concedeix o no el ball que li demanem.

Aquell dissabte em vaig tornar a enganxar un dorsal i vaig participar en la meva primera mitja marató en asfalt. Era una cursa de pujada per carretera.

Tornant després cap a casa amb el cotxe, l'Emelie va agafar un foli i va començar a anotar-hi les curses que volíem córrer aquell estiu. Com que ens vam adonar que ens quedava algun cap de setmana lliure, vam rumiar quins cims volíem culminar i en quines travessies ens agradaria participar. Quan vam arribar al llit, coi, al foli ja no hi havia ni un trosset en blanc, ni per davant ni per darrere, i els marges estaven plens d'anotacions, i tot amb una lletra cada vegada més petita, amb noms de cims, rutes, curses, idees i més idees, que potser no seríem capaços de dur a la pràctica mai.

Vam estar d'acord que amb un estiu, i potser amb un any, i podria ser que amb tota una vida, no tindríem prou temps per acabar-nos-el, el contingut del foli. Però sí que vam decidir que valia la pena posar-s'hi.

Si una allau, una pedra o la vellesa no em vénen a buscar, continuaré pujant muntanyes, enamorat de la lleugeresa despullada, buscant el moviment fins que el cos deixi de tenir prou recursos per seguir la ment, i convençut que el millor moment és sempre ara, i el millor record serà sempre demà.

Un raig de sol va penetrar a l'habitació sense trucar al vidre per demanar permís, quan una ràfega tendra de vent va moure les cortines. Vaig girar la cara per intentar seguir dormint, però, aix, ja era massa tard. Vaig estirar el braç i em vaig quedar decebut perquè l'únic que vaig tocar va ser un llençol arrugat. Vaig fer el mandra al llit un moment, i em vaig alliberar de la son llevant-me a poc a poc.

A la tauleta de nit, el rellotge marcava les sis del matí, i per la finestra es divisava un cel blau i clar. El vent va voler sacsejar de nou les cortines i va entrar portant una brisa d'aire fresc i una olor de bosc primaveral. En aixecar-me, vaig sentir que les articulacions feien una mica nyic-nyic, i notava les cames seques i pesants. Vaig apropar-me a la finestra i vaig descórrer les cortines del tot.

El sol va demanar tota la propietat de l'habitació i, a fora, l'herba fresca mullada pel gebre de la nit desprenia un alè de joventut. En una cadira del costat de la finestra, encara hi descansaven la samarreta i els pantalons curts que havia portat a la cursa d'ahir. Els vaig olorar i vaig decidir que no havia suat gaire. Em vaig posar els pantalons i, mentre em passava la samarreta per sobre el cap, vaig sentir que la porta s'obria i que una veu ben desperta em deia:

—Què, anem a córrer?

L'equip de la cooperativa Som Ara Llibres agraïm el temps que has dedicat a la lectura d'aquesta obra i t'animem a compartir la teva opinió amb nous lectors i noves lectores i a fer-nos arribar les teves sensacions mitjançant les xarxes socials.
Els teus comentaris donen sentit a la nostra feina i ens ajuden a impulsar més lluny cada nova proposta editorial.

#ResEsImpossible